MARCO GERMANI

INTERNAZIONALIZZARE L'AZIENDA

Come aumentare il fatturato
Della tua azienda attraverso
un approccio strategico ai mercati esteri

Titolo

"Internazionalizzare l'azienda"

Autore

Marco Germani

Editore

Bruno Editore

Sito internet

www.brunoeditore.it

Sommario

Sommario

Introduzione

Ho deciso di scrivere questo ebook perché, dopo oltre 15 anni di esperienza da Export Manager, come dipendente e come consulente di molte aziende, in vari settori industriali e nei più diversi contesti sociali e culturali, credo di avere identificato alcuni fattori e alcuni metodi di lavoro che, indipendentemente dal settore specifico di attività, possono influire in maniera determinante sul successo di un'azienda italiana che si affacci sui mercati esteri. A differenza del mio precedente ebook "Business con la Cina" (Bruno Editore, 2010), dove le informazioni contenute, derivate dalla mia pluriennale esperienza in quel paese, erano indirizzate specificatamente all'imprenditore che avesse intenzione di lavorare in quel territorio, l'obiettivo di questo ebook è di fornire dei concetti generali, applicabili a qualunque ambito di business e a qualunque paese estero, per canalizzare le risorse impiegate verso l'internazionalizzazione nella giusta direzione.

Il limite di questo approccio, ovviamente, è che non sarà tenuta in conto la specificità culturale di ogni specifico paese né tantomeno potranno essere trattate in modo esaustivo le specifiche problematiche legate a ciascuno dei principali settori industriali. Saranno inoltre presenti numerose generalizzazioni, che potrebbero trovare delle smentite in qualche caso specifico.

L'esperienza m'insegna, ad ogni modo, che un metodo solido, provato, basato su una visione concreta e un piano di azione ragionato, di espandere un'azienda all'estero, come quello che intendo presentare in questo ebook sia la solida fondamenta di un successo duraturo. Il mio obiettivo è di mettere a disposizione dell'imprenditore, del Direttore Commerciale o dell'Export Manager, coinvolti nella missione di creare o aumentare il fatturato estero delle loro aziende, delle informazioni chiave che possono fargli risparmiare tempo e risorse, dargli un punto di vista differente su una questione già analizzata o al limite confermare una loro visione o strategia per quanto riguarda l'approccio verso l'estero.

Esaminando oggi le offerte di lavoro delle aziende italiane su un qualunque sito internet dedicato al mondo del lavoro, si può notare la grande della figura professionale dell'Export Manager.

Per motivi professionali, mi trovo periodicamente a monitorare questo mercato, avendo occasione di discuterne le tendenze anche con esperti nel settore dell'Head Hunting. La constatazione più evidente derivante da questa osservazione è che, mentre alcuni anni addietro le aziende ricercavano in prevalenza giovani Export Manager, ovvero neolaureati o con pochi anni di attività alle spalle, oggi la richiesta è rivolta in prevalenza a figure con esperienza, spesso con una specifica ricerca di professionisti con età superiore ai 40 anni e con un consolidato storico di risultati prodotti in altre aziende, preferibilmente dello stesso settore.

Si tratta di una completa controtendenza rispetto ai normali trend del mercato del lavoro, dove un quarantenne inizia a essere considerato professionalmente "vecchio". La cosa ancora più sorprendente sono i compensi economici che le aziende di medie o piccole dimensioni sono disposte a riconoscere a un Export Manager con esperienza e con uno storico provato di successi nel suo curriculum vitae, nettamente superiori a quelli di qualunque altra figura professionale presente nell'azienda e inferiori a volte solo a quelle dei Direttori Generali o Amministratori Delegati.

Ciò dimostra ampiamente come le aziende italiane stiano comprendendo l'esigenza di affidarsi a professionisti capaci e di valore, anche se ciò comporta un investimento economico superiore sulla risorsa, per affacciarsi in modo serio, professionale e strutturato sui mercati esteri. Infatti, l'estero rappresenta a volte l'unica vera possibilità di crescita per un'azienda italiana, in un mercato domestico sempre più ristagnante e incerto. Questo fatto fornisce anche una chiara indicazione a un giovane che stia valutando diverse possibilità di carriera: lo specializzarsi nella materia dell'internazionalizzazione, fin dall'inizio del proprio cammino professionale, può rappresentare una scommessa vincente e una grande opportunità per il suo futuro.

Il filo conduttore di questo ebook è quello di avere sempre presente l'obiettivo finale per cui un'azienda italiana dovrebbe affacciarsi sui mercati esteri: aumentare il proprio fatturato. Potrebbe sembrare un principio ovvio ma nella realtà dei fatti succede che alcuni imprenditori italiani decidano di cercare di conquistare i mercati esteri per altri motivi: prestigio, immagine aziendale, orgoglio personale o ancora peggio (l'ho visto personalmente in qualche caso) la possibilità di viaggiare per il mondo a spese dell'azienda, con la scusa dello sviluppo del mercato estero. Inutile dire che questo tipo di approccio, è sempre destinato al fallimento.

I temi trattati in questo ebook, fanno riferimento, per semplicità, a un caso preciso e molto comune di internazionalizzazione aziendale: l'introduzione commerciale di un prodotto fabbricato in Italia in un mercato estero. Altri casi d'internazionalizzazione, come l'ottimizzazione fiscale tramite apertura di ufficio amministrativo estero, la ricerca di nuovi fornitori esteri per ottimizzare i costi di produzione o l'outsourcing di parti di produzione ad aziende estere per economizzare i costi, sono stati volutamente omessi da questo manuale, perché avrebbero richiesto un lavoro molto più ampio e complesso di quello presente.

Personalmente, avrei voluto avere a disposizione un ebook del genere in molte circostanze durante i passati quindici anni in cui ho operato in questo settore; mi avrebbe di certo fatto risparmiare numerosi errori o permesso di sfruttare in maniera migliore alcune opportunità che mi si sono presentate. Le pagine di questo ebook non provengono da una vuota teoria imparata sui libri o hanno la pretesa di esprimere un qualunque concetto filosofico astratto, sono invece frutto esperienza diretta, sul campo, faccia a faccia con i clienti in giro per il mondo, nelle più svariate condizioni climatiche e in tanti differenti fusi orari. Non a caso, sto scrivendo questa introduzione, non comodamente seduto dietro a una scrivania in un ufficio ma, a diecimila metri di altezza, seduto su un aereo che mi riporta a Roma dopo un incontro con un cliente francese di un'azienda per cui sto curando lo sviluppo all'estero !

Che tu sia un Titolare di Azienda, un Responsabile Commerciale, un aspirante Export Manager, un affermato professionista delle vendite all'estero o semplicemente qualcuno che ne voglia sapere di più su questa materia, ti auguro una buona lettura, con la speranza che anche solo una delle informazioni contenute in questo ebook, possano rendere più efficace e produttivo lo sviluppo della tua azienda sui mercati esteri.

Marco Germani

CAPITOLO 1:
Come selezionare un buon export manager

L'importanza dell'export manager in azienda

Un'azienda che decida seriamente di affacciarsi sui mercati internazionali, in particolare per incrementare il proprio fatturato commercializzando prodotti o servizi all'estero, deve avere al suo interno una figura aziendale preposta esclusivamente a questa funzione: l'Export Manager. Questo vuol dire, se necessario, allargare l'organico aziendale e includere nelle voci di bilancio anche l'investimento per una nuova risorsa.

Dalla mia esperienza, l'imprenditore italiano che commercializza con successo i suoi prodotti sul mercato domestico, ha spesso la tendenza a credere di poter seguire lui direttamente lo sviluppo dei mercati esteri, magari con l'ausilio di una figura di supporto poco qualificata, spesso una sorta di assistente del Direttore Commerciale, la cui unica competenza specifica per questo ruolo è la conoscenza di una o più lingue straniere. Si tratta di un approccio superficiale, molto spesso destinato al fallimento. Il concetto di proporzionare la struttura aziendale al reale giro di affari su un certo mercato, caro a ogni imprenditore dotato di buon senso, è in linea di massima corretto: se in una certa regione italiana il fatturato della mia azienda è basso e la regione non è per me strategica, sarà una decisione saggia non avvalermi dei servizi di un agente o di un responsabile di area specifico per quella regione, assegnandola magari a un responsabile di una regione vicina.

Nel caso dell'estero invece, il discorso cambia: si tratta di un mercato (o meglio di un insieme di mercati) che per alcune caratteristiche peculiari (specificità delle problematiche, barriere di lingua e di distanza geografica, ecc.) non può essere assimilato, se non in minima parte, ai mercati domestici. Assegnare, ad esempio, a un Responsabile Vendite Italia lo sviluppo dei clienti esteri, come ho visto fare in più di un'azienda in passato, vuol dire spesso non metterlo nella migliore condizione di svolgere il suo ruolo principale, finendo per fargli svolgere due mansioni in modo superficiale, con conseguente frustrazione del collaboratore e mancanza di risultati su entrambi i fronti.

Uno scenario tipico è il seguente: l'azienda ha un suo mercato consolidato in Italia e, a una fiera di settore italiana, è approcciata da un potenziale cliente estero, che richiede informazioni sui prodotti. In assenza di un Export Manager, il Direttore Commerciale, o Responsabile Vendite Italia, con il supporto di chiunque in azienda conosca l'Inglese (se lui è carente in questa materia come purtroppo spesso accade nel nostro paese), intavola una prima negoziazione commerciale con il cliente estero. Se l'azienda è ben strutturata e se i prodotti commercializzati sono di valore, con un prezzo competitivo, si può arrivare anche a portare a termine qualche vendita. A questo punto però, quando si necessiterebbe il maggior impegno da parte dell'azienda nelle fasi di follow-up, gestione del cliente, sviluppo delle potenzialità, definizione di un piano strategico per quello specifico mercato, il Direttore Commerciale non ha minimamente il tempo, la preparazione specifica o banalmente le capacità linguistiche per portare avanti questo discorso in modo professionale.

Nella migliore delle ipotesi, il cliente continua a comprare nel tempo, producendo però un fatturato che non sfiora minimamente le sue reali potenzialità; nella peggiore delle ipotesi il cliente, dopo un certo periodo, si rivolge ad un altro fornitore meglio organizzato, smettendo di acquistare dalla prima azienda.

Se in azienda invece è presente la figura dell'Export Manager, le cose cambiano completamente e, anche da un contatto fortuito come quello sopra descritto, si può sviluppare un business continuato di tutto rispetto, sfruttando appieno le potenzialità del cliente.

SEGRETO n. 1: Non è possibile sviluppare in maniera efficace i mercati esteri di un'azienda se non c'è una figura preposta esclusivamente a quest'attività: l'Export Manager.

In altre parole, un'azienda che, fatte le opportune valutazioni, decida di allargare in maniera strutturata e seria il suo focus sui mercati esteri, deve occuparsi di selezionare un buon Export Manager, prima di iniziare il processo d'internazionalizzazione.

Le quattro caratteristiche di un buon Export Manager

Andiamo ora ad analizzare quali sono, a mio giudizio, le caratteristiche che un buon Export Manager dovrebbe possedere e sulle quali dovrebbe continuamente lavorare allo scopo di migliorarle:

Conoscenza di almeno due lingue straniere.

La conoscenza della lingua Inglese non è più un optional. Chi vuole occuparsi di estero in azienda deve essere fluente in Inglese, non ci sono alternative. Deve saper condurre una negoziazione, argomentare in modo professionale le unicità del prodotto che propone e saper sostenere con scioltezza qualunque tipo di conversazione, scritta o orale (specialmente al telefono) con un cliente estero. Questa descrizione taglia fuori almeno l'80% di coloro che nel proprio Curriculum Vitae scrivono "ottima conoscenza della lingua inglese". Se non possiedi questa competenza linguistica e ti vuoi occupare di export, prima devi lavorare sul tuo Inglese e poi puoi considerare questa ipotesi.

Finora non ho detto nulla di nuovo, quello che pochi sanno invece, è che l'Inglese oggi non basta più. Chi infatti, oltre all'Italiano, conosce come lingua straniera *solo* l'Inglese, non ha un vantaggio competitivo abbastanza marcato sulla concorrenza per garantirsi una buona posizione di mercato e non può portare a un'azienda, in ambito export, un valore molto elevato. Almeno una seconda lingua, con lo stesso livello di quello descritto per l'Inglese è oggi necessaria. Ora, se qualche aspirante Export Manager stesse già pensando che il compito diventi troppo gravoso, lo invito a pensare al tempo che ogni giorno una persona media passa in auto bloccato nel traffico, specie se vive in città. Semplicemente ascoltando un programma audio di studio di una lingua straniera in questo frangente, invece di musica o programmi radio che non apportano nulla alla crescita personale, è possibile, nel giro di qualche mese, costruire una conoscenza di base di una lingua straniera, su cui poi, con costate lavoro e possibilmente qualche soggiorno di vacanza nel paese dove è parlata, sviluppare una conoscenza più approfondita che permetterà di usarla in ambito lavorativo. Posso confermare personalmente che questo metodo funziona, dato che l'ho utilizzato già per imparare lo Spagnolo e lo sto correntemente utilizzando per imparare il Polacco !

Solida formazione sui principi di vendita/negoziazione/persuasione.

Tutte quelle citate sono delle vere e proprie scienze. Se, terminati gli studi, magari di livello universitario, un giovane pensa di essere pronto per il "mondo del lavoro" (specialmente in un ruolo commerciale) solo con la conoscenza acquisita nella sua carriera accademica, purtroppo si sbaglia di grosso. Quella ottenuta con gli studi, molto spesso, è una cultura generale che è servita più che altro a fornirgli una metodologia di apprendimento o su come affrontare un problema generico, piuttosto che a dargli degli strumenti pratici per creare valore a un'azienda nel mercato reale. Nel caso dell'Export Manager, uno studio costante di questi temi, è alla base dell'eccellenza e della generazione di risultati.

Gli strumenti che abbiamo a disposizione oggi, con internet e i supporti multimediali, sono davvero infiniti e se, in passato, era necessario recarsi in libreria per acquistare materiale di formazione su questi temi, oggi anche da casa è possibile crearsi quella che io definisco una "libreria del successo" di tutto rispetto. Il catalogo di ebook di Bruno Editore è certamente una risorsa utilissima a questo scopo e, sul tema della persuasione, non posso non segnalare il mio precedente testo "I Meccanismi della Persauasione" (Bruno Editore, 2009) dove ho racchiuso tutto ciò che ho imparato su questo tema in molti anni di studio e frequentazione di corsi in tutto il mondo.

Disponibilità a viaggiare frequentemente ed elevata capacità organizzativa.

Ricordo che molti anni fa, in uno dei miei primi colloqui di lavoro, fresco di laurea in Ingegneria, con l'azienda di consulenza allora denominata Andersen Consulting, un partner della società cui era toccato il ruolo di portare a termine con me l'ultimo dei tre colloqui di selezione ai neolaureati, mi fece la seguente domanda: "Se questa sera alle diciannove le dico che domani a mezzogiorno deve essere a Catania, che cosa fa esattamente e in che ordine ?".

La domanda al tempo mi fece sorridere, ero abituato già allora a viaggiare e mi sembrava normale amministrazione trovare subito il mezzo più rapido per raggiungere la città, acquistare il biglietto, prenotare eventualmente un hotel, ecc. . Oggi capisco che, per chi si trova a viaggiare spesso per motivi professionali, un'elevata capacità organizzativa e una prontezza operativa nell'organizzare una trasferta, anche senza l'ausilio di altre funzioni aziendali, può essere un elemento sensibile nella scelta di una figura commerciale estera. L'Export Manager, per definizione, si trova spesso a viaggiare all'estero, nel migliore dei casi per il 30% -

40% del suo tempo, nel peggiore per percentuali vicine all'80%. Deve essere cosciente che la sua vita sociale e familiare (se ha una famiglia) subiranno delle conseguenze, spesso non proprio piacevoli. Serve una predisposizione particolare e le giuste condizioni al contorno, quali ad esempio di un partner di vita che dia supporto e che comprenda questa esigenza legata alla professione.

Grandi dosi d'indipendenza, inventiva e pro-attività.

L'Export Manager si trova spesso a dover gestire il suo tempo, il suo lavoro e il suo piano d'azione da solo e lontano dall'azienda. Deve essere preparato mentalmente a farlo, lavorare sulla sua organizzazione personale, acquisire abilità di gestione del tempo, autodisciplina, definizione di obiettivi e mantenimento del focus sul risultato finale. E' molto facile perdersi se non si è preparati, specie all'inizio di una carriera.

SEGRETO n. 2: ci sono quattro caratteristiche indispensabili che un buon Export Manager deve possedere: conoscenze linguistiche superiori alla media, abilità di persuasione/negoziazione, ottima capacità di organizzazione e

spiccate doti d'indipendenza/pro-attività.

Un Direttore Commerciale o un Titolare d'Impresa che si trovi a selezionare un Export Manager per la sua azienda, oltre a guardare il suo Curriculum Vitae professionale, valutarne i valori etici/morali e la solidità di carattere, non dovrebbe mai trascurare di valutare il candidato sui quattro punti espressi sopra. In questo modo si potrebbe mettere al riparo dall'assumere una persona che non ha una o più delle caratteristiche fondamentali per svolgere al meglio il ruolo di Export Manager. Il mio consiglio, in questo frangente, è di vedere il candidato almeno tre volte, in tre situazioni diverse, prima di prendere una decisione.

Un metodo molto usato negli Stati Uniti ma che in Italia non ho mai visto applicare, è quello di invitare il candidato, in uno dei colloqui successivi al primo dove si è evidenziato un interesse reciproco all'inizio di una collaborazione, a cena fuori. Come insegna il noto formatore italiano e professionista della selezione Michele Tribuzio (noto al pubblico come Zio Mike), solo osservare come il candidato gestisce il suo rapporto con il cibo, come si comporta a tavola, ecc., può fornire preziose informazioni sul grado di disciplina, correttezza, eticità e serietà della persona che stiamo selezionando. Nel caso dell'Export Manager, che svolge il suo lavoro in gran parte lontano dal diretto controllo del Titolare, questo test può essere quanto mai prezioso per eseguire una giusta scelta.

Le insidie del ruolo di Export Manager

Andiamo ora a identificare quali sono le principali insidie per l'Export Manager (e per l'azienda), riguardo a un ottimale svolgimento del lavoro d'internazionalizzazione. Se la nuova risorsa preposta allo sviluppo dell'estero è informato di queste insidie, potrà certamente prendere le giuste contromisure in anticipo ed evitare che diventino dei blocchi insormontabili nella sua progressione verso il successo.

Insidia n.1: gli altri dipendenti dell'azienda.

Sembra paradossale, ma il più grande pericolo per un nuovo Export Manager, non viene dall'esterno ma dall'interno dell'azienda. La struttura aziendale nella sua interezza, costituita dagli altri dipendenti e collaboratori, che ricoprono i vari ruoli chiave all'interno di un'impresa, rappresenta indubbiamente la più grande risorsa per un Export Manager, senza la quale non potrebbe minimamente svolgere il suo lavoro; allo stesso tempo può rappresentare per lui un vero e proprio problema, se non cura a sufficienza le relazioni personali con gli altri.

Esiste nelle aziende italiane una vera e propria mitologia, diffusa esclusivamente tra chi svolge il suo lavoro in orari predefiniti e prevalentemente all'interno delle quattro mura di un ufficio o di una fabbrica, riguardo ai Responsabili Commerciali che invece sono obbligati a viaggiare sul territorio per incontrare i clienti. Se poi questi viaggi si svolgono all'estero o, peggio ancora, in luoghi dai nomi esotici come Brasile, Thailandia o Giappone, la mitologia diventa vera e propria leggenda.

Ricordo ancora una volta, qualche anno addietro, quando in procinto di partire per un viaggio di affari in Brasile, per incontrare alcuni clienti per conto di un'azienda con cui collaboravo, mi trovai a camminare per il corridoio principale dell'ufficio e due o tre persone diverse mi salutarono con un sorriso accompagnato da una frase su queste linee: "Beato te che vai in Brasile, chissà come ti divertirai, mentre noi dobbiamo stare qua a lavorare...", presupponendo che il mio viaggio fosse solo sulla carta per motivi professionali e alludendo a chissà a quali situazioni di piacere o lussuria, che immaginavano parte della normale esperienza di chi si reca in Brasile per lavoro.

Questa concezione completamente errata può causare dei veri problemi allo svolgimento del lavoro dell'Export Manager. Le sue richieste di lavoro rivolte ad altri dipendenti possono essere trattate in maniera diversa e meno prioritaria rispetto a quelle di altre persone che "lavorano invece di andarsi a divertire in Brasile". Si può addirittura creare una certa ostilità, fondata su un'invidia completamente ingiustificata, che può, nel peggiore dei casi, portare a un vero e proprio isolamento dell'Export Manager rispetto al resto dell'azienda, con conseguenze potenzialmente fatali a lungo termine, per la sua permanenza in quel ruolo.

Chi ha avuto modo di viaggiare all'estero per lavoro, conosce qual è invece la dura realtà dei fatti. Al personale di un'azienda che idealizza le missioni all'estero in quel modo, basterebbe prendere parte a una sola di queste, specie se in un paese lontano, per capire esattamente di cosa si parla. E' pur vero che, alcuni Export

Manager, quando viaggiano per lavoro, complice un'ambientazione invitante, si concedono alla sera dei divertimenti fuori luogo (e a volte poco etici) ma si tratta di una minoranza di persone e un viaggio all'estero vuol dire, nella grande maggioranza dei casi elementi molto meno auspicabili quali: "jet lag", stanchezza, lontananza dalla famiglia, tempi tiratissimi che di solito impediscono anche il minimo giro turistico nella città che si sta visitando, lunghe attese in aeroporto, confronto con cibo, usi e costumi e cultura locale, non sempre esente da problemi e inconvenienti e una buona dose di avventura e di imprevisti, sempre presenti in ogni trasferta (voli cancellati, hotel che sbagliano le prenotazioni, tassisti spericolati con cui è impossibile comunicare, ecc.) di cui si farebbe volentieri a meno.

E' importante far capire a coloro all'interno dell'azienda che sembrano avere una visione falsata di questo ruolo, qual è la realtà dei fatti e che l'Export Manager, più che invidiato, spesso va ammirato e supportato perché fa un lavoro che solo pochi sono disposti a fare. Confondere un viaggio di lavoro con un viaggio di piacere è un errore pericoloso che dobbiamo aiutare gli altri a non commettere, per il bene nostro e dell'azienda.

Insidia n. 2: poca conoscenza del prodotto e delle dinamiche interne all'azienda.

E' molto facile per un Export Manager, che passa la maggior parte del tempo fuori dalle mura dell'azienda, perdere il contatto con le problematiche concrete relative alla produzione di ciò che sta vendendo. Questo è un fattore potenzialmente pericolosissimo, perché si rischia di fare al cliente delle promesse che l'azienda non è in grado di mantenere o addirittura di vendere un prodotto o un servizio non confacente a ciò che l'azienda è realmente in grado di mettere sul mercato.

Il mio consiglio, per un buon Export Manager è di mettere nella propria agenda, ogni mese, del tempo all'interno dello stabilimento di produzione dell'azienda (o nella parte più operativa possibile, come quella della composizione delle spedizioni, se il prodotto commercializzato è fabbricato da un partner industriale dell'azienda), discutere con i responsabili di produzione, capire quali sono le problematiche relative alla produzione di ogni referenza che poi si andrà a proporre all'estero e cercare di diventare per quanto più possibile un esperto di tutto ciò che è legato agli aspetti tecnici e produttivi dell'azienda. Lo stesso lavoro va fatto con il responsabile della logistica, diventando quanto più possibile ferrato in tutti gli aspetti principali e le problematiche più ricorrenti, relative alla spedizione dei prodotti nei vari paesi esteri.

SEGRETO n. 3: Un buon Export Manager deve diventare un esperto di tutti gli aspetti tecnici e logistici legati alla vendita del suo prodotto all'estero.

Insidia n.3 : Trascurare la struttura di costo del prodotto e focalizzarsi solo sulla vendita

Esiste una nota freddura, spesso citata da Jack Welch, forse il manager più celebre (e pagato) di tutti i tempi, a capo per oltre venti anni della General Electric: due responsabili commerciali stanno analizzando la struttura dei costi di un prodotto che stanno vendendo ad alcuni clienti e si accorgono che, con il prezzo praticato, l'azienda ha un margine di profitto negativo. Uno guarda l'altro e dice: "OK, dato che non possiamo aumentare il prezzo, dovremo cercare di recuperare a questa situazione aumentando i volumi di vendita !"

E' ovvio che, in presenza di margine negativo, più aumentano i volumi, più l'azienda perde denaro, quindi la soluzione proposta dal responsabile commerciale in questione, sarebbe stata la via più sicura verso il fallimento ! Molto spesso, l'Export Manager, che sa di essere giudicato e valutato esclusivamente sui risultati di vendita a clienti esteri, specie se i suoi risultati procedono a rilento, può aver la tendenza a focalizzarsi sull'acquisire nuovi clienti e chiudere vendite, tralasciando l'aspetto economico e finanziario della questione.

Va detto però, che molti titolari di azienda, sono restii e svelare, specie a un nuovo arrivato, dati sensibili quali i costi effettivi di produzione e di gestione dell'azienda e quanto questi possano influire sul prezzo finale dei prodotti. Un buon Export Manager, deve fare immediatamente chiarezza su un solo e unico punto: quali sono le condizioni commerciali minime accettabili perché una transazione verso un cliente estero possa essere di interesse economico per la sua azienda. Attenzione ! non ho parlato di prezzo ma di "condizioni commerciali" dato che, come vedremo nei successivi capitoli di questo ebook, oltre al prezzo ci sono importantissimi fattori come i termini di pagamento, l'eventuale necessità di un'assicurazione del credito, i tempi e le modalità di consegna e lo standard qualitativo / caratteristiche tecniche richieste al prodotto, fattori che spesso possono influire sul prezzo finale in maniera decisiva.

SEGRETO n. 4: un buon Export Manager deve avere conoscere in modo chiaro e inequivocabile le condizioni commerciali minime accettabili dalla sua azienda, quando vende a un cliente estero.

Se il Titolare di Azienda (o il Direttore Commerciale) non è in grado di trasmettere in modo univoco all'Export Manager queste informazioni, semplicemente non lo sta mettendo nella condizione di poter svolgere al meglio il suo lavoro e sta esponendo l'azienda a un rischio: l'Export Manager potrebbe portare avanti e addirittura concludere una trattativa con un cliente,definendo delle condizioni commerciali non accettabili per l'azienda. Nella migliore delle ipotesi, l'azienda perde la faccia con il cliente, nella peggiore, ci rimette denaro.

L'importanza del networking tra Export Manager

Chiudo questo capitolo sull'Export Manager con un aspetto riguardante lo sviluppo all'estero di un'azienda, molto spesso trascurato: il networking tra Export Manager di aziende nello stesso settore.

Escludendo il caso di trovarci in sistemi di concorrenza diretta, nei quali si va ad attaccare lo stesso mercato estero esattamente con lo stesso prodotto, della stessa qualità e con le medesime condizioni al contorno, molto spesso, all'interno dello stesso settore merceologico, diverse aziende italiane si trovano impegnate nella "conquista" di uno o più mercati esteri. In questi casi, è possibile generare delle preziose sinergie, che consentono alle varie aziende di economizzare su alcune voci di costo, oltre che di aumentare, senza costi aggiunti, le possibilità di successo nella penetrazione di un mercato estero, semplicemente con scambi d'informazione riguardanti i possibili acquirenti e il mercato stesso.

SEGRETO n. 5: lo scambio di informazioni e la sinergia tra aziende dello stesso settore, ottenuta con attività di networking tra Export Manager, può generare molti benefici

condivisi alle aziende che la praticano.

Per citare un esempio personale, mi sono trovato per anni a sviluppare i mercati esteri di aziende nel settore alimentare. Ora, l'interlocutore per questo tipo di aziende, di solito, è un importatore/distributore di prodotti alimentari italiani, con una sua forza vendita sul territorio, che ha tra i suoi clienti alcune categorie specifiche di esercizi (ristoranti, bar, tavole calde, hotel, nel caso del settore HORECA, oppure catene di supermercati o food shops, nel caso del settore della distribuzione al dettaglio o RETAIL). Questo tipo di operatore, ha di solito un portafogli composto da molti prodotti diversi, quasi sempre pasta, olio, vino, ecc.

Mi è capitato in passato di fare la conoscenza, in occasione di eventi fieristici o altri eventi frequentati da Export Manager, con persone che ricoprivano lo stesso ruolo in altre aziende dello stesso settore ma con prodotti diversi da quelli su cui ero focalizzato io e, semplicemente chiedendo loro in che paesi già esportassero e chi fossero i loro importatori in quel paese, ho ottenuto dei contatti molto interessanti, cui sono stato presentato (basta una semplice email) da loro e con cui ho successivamente generato del business per il mio prodotto.

Il concetto base è che le persone, di solito, se possono aiutarci lo fanno volentieri, basta chiedere ! ovviamente, dobbiamo essere anche noi (spesso in anticipo) a condividere dati e informazioni che potrebbero essere utili al nostro interlocutore, per sviluppare il suo business. Per il principio della reciprocità (uno dei sei principi della persuasione) l'altra persona sarà motivata a renderci il favore.

Sempre restando nel settore alimentare, un altro esempio di come il networking tra Export Manager possa generare dei benefici condivisi, è quello della partecipazione a una fiera (che sarà ampiamente trattata in un capitolo successivo di questo ebook). Nel caso in cui le condizioni di spedizione dei prodotti di differenti aziende verso una stessa destinazione (il luogo della fiera), sono simili si può pensare ad un'ottimizzazione logistica. Ad esempio, se parliamo di prodotti surgelati che vanno spediti a una temperatura di -18 C, l'effettuare un unico trasporto, consolidando il materiale di due o più aziende, può generare dei forti risparmi economici. Ovviamente questo prevede un lavoro supplementare da parte dei vari Responsabili della Logistica, di coordinamento delle spedizioni e un continuo contatto tra gli Export Manager per assicurarsi che non ci siano ostacoli da parte di nessuna delle aziende coinvolte che, in questo caso, avrebbe un'incidenza anche sul buon esito della spedizione degli altri prodotti. Con un buon lavoro di networking tra Export Manager, dove in primis si costruisce un rapporto di fiducia e stima professionale, queste situazioni possono essere gestite al meglio e portare vantaggi a tutte le parti coinvolte.

Il mio consiglio, per un Export Manager è di stabilire contatti con quanti più responsabili commerciali esteri di aziende dello stesso settore possibili, senza ovviamente esagerare e ridurre per questo il tempo in assoluto più importante, ovvero quello speso a sviluppare con i clienti il mercato estero della sua azienda.

RIEPILOGO DEL CAPITOLO 1:

- SEGRETO n. 1: Non è possibile sviluppare in maniera efficace i mercati esteri di un'azienda se non c'è una figura preposta esclusivamente a quest'attività: l'Export Manager
- SEGRETO n. 2: ci sono quattro caratteristiche indispensabili che un buon Export Manager deve possedere: conoscenze linguistiche superiori alla media, abilità di persuasione/negoziazione, ottima capacità di organizzazione e spiccate doti d'indipendenza/pro attività.
- SEGRETO n. 3: Un buon Export Manager deve diventare un esperto di tutti gli aspetti tecnici e logistici legati alla vendita del suo prodotto all'estero.
- SEGRETO n. 4: un buon Export Manager deve avere conoscere in modo chiaro e inequivocabile le condizioni commerciali minime accettabili dalla sua azienda, quando vende a un cliente estero.
- SEGRETO n. 5: lo scambio di informazioni e la sinergia tra aziende dello stesso settore, ottenuta con attività di networking tra Export Manager, può generare molti benefici condivisi alle aziende che la praticano.

CAPITOLO 2:

Come creare un nuovo cliente estero

Il tuo posizionamento nel mercato internazionale

Prima di poter pensare a internazionalizzare la tua azienda, è fondamentale che tu abbia un quadro accurato del tuo posizionamento sul mercato internazionale in generale. Questo si può fare semplicemente rispondendo alle seguenti domande:

- Chi sono i miei concorrenti diretti su scala internazionale ?
- Quali sono i paesi al mondo in cui fatturano di più, e con quali prodotti ?
- Come i miei prodotti si differenziano da quelli di queste aziende ?
- Sono in grado di comunicare al mercato estero in modo chiaro, preciso e univoco i miei punti di forza rispetto ai miei concorrenti locali e internazionali ?
- Come si colloca il mio rapporto qualità/prezzo rispetto a quello della mia concorrenza ?

- In quali paesi, europei ed extraeuropei il mio prodotto non è ancora stato introdotto e potrebbe avere successo ? perché ?

E' sorprendente osservare molti imprenditori italiani provare a sviluppare all'estero la propria azienda, avendo solo una vaga idea delle risposte alle domande qui sopra. Sarebbe come decidere di andare in guerra senza sapere esattamente contro chi si combatte, dove avverranno le battaglie e che tipo di equipaggiamento abbiamo rispetto a quello del nemico: noi potremmo avere le frecce e loro i cannoni !

SEGRETO n. 6: Prima di iniziare il processo di internazionalizzazione della tua azienda è necessario tracciare un quadro accurato che definisca il posizionamento del tuo prodotto rispetto alla concorrenza e le tue potenzialità di sviluppo reali sui mercati esteri.

Per acquisire molti dei dati che servono alla nostra analisi, è sufficiente un minimo di ricerca di mercato, oggi realizzabile comodamente dal tuo ufficio con internet o al limite acquistare qualche studio di mercato professionale, che con un investimento contenuto, ti dia un quadro generale della situazione del tuo settore di attività. Molto utili sono anche le statistiche ISTAT, scaricabili gratuitamente dal sito istituzionale di questo Istituto, riguardo ai dati di esportazione dall'Italia, nei vari paesi del mondo, del prodotto per te di interesse.

Da quest'analisi preliminare, potrebbe emergere che il tuo prodotto, per un determinato mercato estero che hai pensato di affrontare, semplicemente non sia abbastanza competitivo in termini di rapporto qualità / prezzo rispetto ai produttori locali (che non devono affrontare le spese logistiche necessarie a esportare il prodotto); oppure, se emergesse che in un certo paese le importazioni del tuo prodotto sono pari a zero, ovvero che nessuno dei tuoi concorrenti è ancora riuscito ad entrare in quel mercato, vorrebbe dire certamente che c'è da fare un grosso lavoro di educazione del mercato al tuo prodotto, con tutte le complicazioni del caso. Allo stesso modo, cifre d'importazione del tuo prodotto in un certo paese molto elevate, potrebbero voler dire una forte domanda di prodotti simili al tuo in quel mercato, oppure un mercato sovra saturo dove i vari fornitori si combattono spietatamente a colpi di abbassamenti di prezzo e che di certo ostacolerebbero in ogni modo l'inserimento di un nuovo concorrente. Molto importante è anche capire quali sono le barriere e i dazi doganali cui è soggetto il tuo prodotto nei vari paesi. Questa voce di spesa, se non considerata fin dall'inizio, può riservare brutte sorprese in un secondo tempo.

Questa prima analisi ti permetterà di tracciare uno scenario, segmentato per aree geografiche, canali di vendita e fasce di clienti finali, rispetto al quale il tuo prodotto potrebbe meglio inserirsi nel mercato internazionale e farti risparmiare parecchio tempo e denaro in futuro. Obiettivo di questa fase di studio dei mercati è individuare il paese o l'area geografica estera dove il tuo prodotto potrebbe avere più successo e iniziare a focalizzare i tuoi sforzi su quella.

La risposta che pochi conoscono

Anche se non ho il piacere di conoscerti personalmente, se stai leggendo questo ebook, conosco con ottime probabilità qual è il tuo vero lavoro, indipendentemente dal titolo presente sul tuo biglietto da visita. Quest'affermazione potrà sembrarti pretenziosa, ma il problema potrebbe essere invece che forse tu stesso, non hai ancora inquadrato esattamente la risposta giusta a questa domanda. Se sei coinvolto in qualunque modo in un'attività commerciale e la vuoi espandere all'estero (motivo principale per cui probabilmente stai leggendo questo ebook), prova allora a rispondere (prima di leggere il seguito) a questa domanda: "Qual è il mio lavoro ?"

La risposta giusta è :

"Il mio lavoro è creare e mantenere un cliente".

I clienti, o partner commerciali, sono quelli che permettono ad un'attività commerciale di sopravvivere. Senza clienti, un'impresa semplicemente non ha alcuna ragione di esistere.

SEGRETO n. 7: Il vero lavoro di chiunque è coinvolto in un'attività commerciale, è creare e mantenere un cliente.

Ricordo ancora, molti anni addietro, un episodio particolare avvenuto durante una presentazione di un Vice President della Shell, azienda petrolifera per cui lavoravo al tempo, di fronte ad oltre 600 persone, l'intero organico del sito produttivo di Berre L'Etang, nel sud della Francia. Si trattava di un evento molto importante perché questo VP, un Olandese appartenente alle alte sfere dell'azienda che sedeva nel board direttivo, veniva ogni anno nel nostro sito produttivo a presentare i risultati economici dell'azienda e i progetti di sviluppo futuro.

Durante il suo discorso, mentre parlava dell'importanza del ruolo del Customer Service, si fermò di fronte ad una segretaria e le chiese davanti a tutti: "Marie, tu sai chi paga il tuo stipendio a fine mese ?". La ragazza, presa di sorpresa, rispose: "Beh si, lo paga il mio datore di lavoro, la Shell". Il capo, sorridendo per il tranello teso le disse, e disse a tutti: "Sbagliato ! il tuo datore di lavoro è quello che firma la tua busta paga, ma fa solo da tramite, i soldi non sono suoi. Il tuo stipendio lo pagano i nostri clienti. Loro sono i tuoi veri datori di lavoro, non la Shell !". Questa verità va a mio giudizio sempre tenuta a mente. Nel caso dello sviluppo all'estero di un'azienda, quindi, l'unico lavoro da fare è quello di creare e gestire un nuovo cliente estero per i nostri prodotti. Lui pagherà la struttura estera e lui determinerà, con la sua soddisfazione, se il nostro progetto sta avendo buon fine o meno.

Le uniche tre attività di lavoro

Si racconta che un pellegrino, in cammino verso il Monte Zeus in Grecia, molti anni fa incontrò un vecchio saggio sulla sua strada. Probabilmente incerto sulla via da prendere o frustrato perché non vedeva la sua meta davanti a se, gli chiese quale fosse il miglior modo per raggiungere la cima del monte. Il saggio gli rispose: "puoi prendere la via che preferisci e raggiungerai sicuramente la cima, a condizione di continuare a camminare e che ogni tuo passo sia rivolto nella direzione della cima".

Questo concetto, semplice ma profondo, può molto bene essere applicato a qualunque obiettivo, personale e professionale, e in particolare allo sviluppo all'estero della tua azienda: non fermarti e camminare nella direzione giusta: la ricetta sicura per il successo ! Ma qual è la strada lungo la quale devi orientare ogni tuo passo per assicurarti di arrivare in cima ? e come puoi evitare di andare fuori strada, magari in modo inconsapevole ?. La risposta a queste domande è sorprendentemente semplice, perché i migliori esperti al mondo di vendita, concordano nel dire che esistono solo tre attività che assicurano l'avanzamento verso lo sviluppo commerciale (in Italia o all'estero) di un'azienda:

1) Individuare chi sono i tuoi potenziali clienti.
2) Entrare in contatto con loro presentando il tuo prodotto o servizio.
3) Portare avanti una negoziazione commerciale finalizzata alla chiusura di una vendita.

Ciò vuol dire che ogni tua altra attività durante l'orario di lavoro, al di fuori di queste tre o di quelle necessarie per assicurare un ottimale svolgimento di queste tre, non ti avvicina minimamente al tuo obiettivo d'internazionalizzazione anzi, spesso te ne allontana.

SEGRETO n. 8: Le uniche tre attività che ti avvicinano a sviluppare all'estero la tua azienda sono: identificare i potenziali clienti, entrare in contatto con loro e chiudere una vendita.

Se ci pensi bene, ogni singola attività svolta all'interno della tua azienda, o è un'attività di vendita o è un'attività di supporto alla vendita. A me piace pensare all'azienda come una squadra di calcio, dove i venditori sono gli attaccanti, quelli che, in gergo calcistico, "la buttano dentro", ovvero finalizzano lo sforzo collettivo di molte altre persone, tutte orientate (o almeno dovrebbero esserlo !) a un solo obiettivo: generare fatturato per l'azienda e aumentare la soddisfazione dei propri clienti, per generare vendite continuative e ulteriore fatturato.

Vediamo ora di seguito, nei paragrafi successivi, come svolgere al meglio le tre attività descritte, nel caso specifico dell'internazionalizzazione.

Il cliente ideale

Esattamente come non puoi colpire un bersaglio che non vedi (a meno di non avere un'immensa fortuna), non puoi generare un nuovo cliente estero per la tua azienda, se non hai prima fatto una descrizione, quanto più dettagliata possibile, di tutte le caratteristiche che questo deve avere.

Una lista delle domande da porti per identificare con chiarezza chi è il tuo cliente estero ideale, può essere la seguente:

- Tipo di azienda (es: importatore / distributore del tuo prodotto nel paese).
- Dimensioni aziendali minime (fatturato annuo, n. di dipendenti, ecc.).
- Classificazione dell'azienda in base al rischio di un eventuale credito.
- Tipologia e dimensione della sua forza vendita sul territorio (se ci si rivolge a un intermediario e non direttamente al cliente finale).
- Suoi principali canali di distribuzione.
- Tipologia dei suoi principali clienti.
- Strategie di marketing preferenziali.
- Metodo di pagamento adottato.

SEGRETO n. 9: E' fondamentale tracciare un profilo, quanto più accurato possibile, del tuo cliente estero ideale, prima di iniziare la sua ricerca.

Una volta identificato il profilo del tuo cliente ideale, devi ora capire come entrare in contatto con questo tipo di aziende.

Esistono vari metodi, il primo, quello più semplice, è di acquistare un database "targettizzato" su aziende di questo profilo. Di solito, con poche centinaia di Euro si possono ottenere delle liste con migliaia di nomi. E' importante che la lista possieda anche l'indirizzo email perché il primo contatto, per praticità, sarà fatto proprio tramite questo mezzo.

E' importante partire da una base di contatti molto ampia dato che, trattandosi di contatti "a freddo", la percentuale di risposta non sarà molto elevata. Questa è di solito la fase più faticosa e noiosa del processo, indispensabile però, salvo che tu non abbia una lista di potenziali clienti "caldi", che già hanno manifestato in qualche modo un interesse verso la tua proposta commerciale.

Come scrivere una lettera di marketing

Lo scopo di una lettera di marketing a un potenziale cliente estero è quello di stabilire con lui un primo contatto, esporre sinteticamente e chiaramente i motivi per i quali dovrebbe valutare una possibilità di collaborazione con la tua azienda e definire una prossima azione. Lo scopo di questa lettera, non è quindi quello di enunciare profusamente tutte le qualità del tuo prodotto e della tua azienda, sperando così di suscitare l'interesse del potenziale cliente a iniziare un rapporto di business. Ricordati sempre che la persona che leggerà questa lettera ha già molti impegni, pochissimo tempo da dedicare alla lettura di una comunicazione "a freddo" da parte di qualcuno che non conosce personalmente e che spesso, la tua lettera ha solo pochi secondi di tempo prima di diventare vittima del tasto CANC del suo pc, per "archiviare" nel cestino il testo che abbiamo composto con tanto impegno.

SEGRETO n. 10: L'obiettivo di una lettera di marketing è di illustrare sinteticamente i motivi per cui il tuo interlocutore dovrebbe valutare la possibilità di fare business con te e di definire una prossima azione, non enunciare tutte le caratteristiche positive della tua azienda e del tuo prodotto.

Ecco allora alcuni consigli utili per massimizzare le possibilità di successo di una lettera di marketing:

A chi indirizzarla?

All'interno dell'azienda che stai contattando, c'è sempre una persona specifica che si occupa di valutare l'acquisto di nuovi prodotti o comunque dello sviluppo del business relativo a nuovi fornitori. Se l'azienda è molto piccola, si può trattare del titolare stesso, ma più spesso si tratta di un responsabile acquisti o sviluppo nuovi prodotti. Idealmente, dovresti riuscire a recuperare il nome di questa persona e il suo indirizzo email. Il modo più diretto è di telefonare al numero standard dell'azienda (di cui siamo in possesso grazie al database che racchiude i tuoi potenziali clienti nel paese di tuo interesse), presentarti brevemente indicando nome e azienda per conto di cui chiami e chiedere direttamente il nominativo e l'indirizzo email della persona che ti interessa.

Questa procedura, che nel caso di database comprendenti centinaia (o migliaia) di nomi può rivelarsi molto impegnativa in termini di tempo, non ha solitamente un alto grado di conversione. In media, su dieci telefonate (che consiglio di fare usando Skype o software simili, per economizzare l'investimento in traffico telefonico), riesci a ottenere solo due o tre nomi. Il resto delle volte, o ricevi un indirizzo generico che avresti potuto trovare anche da solo sul sito internet dell'azienda in questione, oppure semplicemente ti viene risposto che non ti possono dare nominativi di collaboratori al telefono e di contattare l'indirizzo email presente sul sito web. Considera quindi questa prima parte facoltativa; se desideri accelerare i tempi, puoi semplicemente indirizzare la lettera di marketing all'indirizzo email aziendale generico, con un'intestazione come "Egregi Signori" (Dear Sirs, in Inglese).

Che cosa scrivere nella lettera di marketing.

Abbiamo visto che l'obiettivo di una lettera di marketing deve essere quello di generare un interesse verso una discussione successiva più approfondita. Deve quindi essere breve, concisa, esprimere in poche parole chi sei, cosa fai e perché credi che il tuo prodotto o servizio possa portare un beneficio concreto al tuo interlocutore. E' importante non allegare presentazioni o altri file, perché il messaggio potrebbe, solo per questo, essere classificato come spam dal sistema antivirus del ricevente. E' anche importante anticipare la prossima azione, che deve rimanere sempre in mano tua. Se "passi la palla" al ricevente, chiedendo subito una sua risposta, nella grande maggioranza dei casi, la comunicazione si arresterà definitivamente già in questa fase iniziale. Se invece la prossima azione è ancora sotto il tuo controllo, hai una seconda possibilità di entrare in contatto con il tuo interlocutore, massimizzando enormemente le possibilità di generare un suo interesse.

Se infatti, per la seconda volta nel suo Inbox, il cliente vede il tuo nome, il tuo marchio e sente parlare della tua azienda e dei suoi prodotti, per il principio di familiarità (anche se ha cestinato il primo messaggio, nel suo subconscio, qualcosa di te è sicuramente rimasto, specie se hai un logo accattivante, che va sempre inserito all'interno della tua firma in fondo al messaggio), sarà propenso quantomeno a capire di cosa stai parlando e dedicare almeno qualche istante a valutare la tua proposta.

Nel primo messaggio, quindi, annuncerai l'invio di un secondo, affermando che nel messaggio successivo allegherai un breve profilo della tua azienda. Se l'interlocutore è completamente disinteressato alla tua proposta, probabilmente, ti risponderà subito dicendoti di non inviare il prossimo messaggio e spiegando subito i motivi per cui non è interessato. Anche questa è una risposta che ti può fornire preziose informazioni sul mercato che stai considerando ed è certamente meglio di nessuna risposta.

Un esempio concreto di lettera di marketing.

Dopo averlo descritto, andiamo ora a vedere un esempio pratico di questo processo, dove proporrò una lettera di marketing che ho usato recentemente per generare clienti esteri per un'azienda che produce alimenti surgelati. La lettera, inviata individualmente ad una lista potenziali clienti greci, è stata la seguente (per riservatezza sono stati rimossi i riferimenti che potrebbero far risalire alla specifica azienda coinvolta):

Subject: Possibility of cooperation

Dear Sirs,

My name is Marco Germani and I am the Export Manager for XXXXXX, an Italian leading company in the production of fresh and frozen XXXX, with a yearly turnover of over XX mln Euro and X production units on the Italian territory.

We recently introduced a brand new line of typically Italian XXXX products and we are currently looking for a serious importer in Greece, to establish a long-term partnership. We studied your website and information about your company and we seem to understand you could be right partner for us.

We are on the market since 19XX and we currently have all the major European GDO chains among our customers (CARREFOUR, AUCHAN, BILLA, METRO, etc.). We work with the highest quality standards under ISO 9001, BRC, IFS, SA 8000 and ISO 14001 certifications and we export our products in many countries in the world but still not in Greece. In our production plants, we are able to produce tailor-made products, which best meet the taste and traditions of our customers worldwide.

I will send you a detailed presentation about our company and our products in the next days.

Alcune osservazioni:

-Il tuo fatturato aziendale, se consistente, va indicato subito, per dare all'interlocutore la certezza di stare parlando con una realtà industriale seria e concreta, il che lo può motivare a continuare la lettura. Ovviamente, se il tuo fatturato è ancora basso, è meglio evitare di renderlo evidente. Stesso identico discorso vale per l'anno di avvio attività, il numero d'impianti produttivi (se pertinente) e i clienti. Tutte queste informazioni hanno come unico scopo quello di far classificare il tuo messaggio al cliente come meritevole di attenzione. Per il principio della persuasione detto di "autorità", quanto più ci qualifichiamo agli occhi del nostro interlocutore, esprimendo (sempre in modo etico e veritiero) ciò che di valido abbiamo realizzato in passato, quanto più il nostro messaggio sarà percepito come di valore.

-Fornisci sempre un motivo per giustificare il tuo contatto: in questo caso l'introduzione di una nuova linea di prodotti. Tutto ciò che è nuovo, innovativo o diverso da quanto esistente sul mercato in questione, può generare interesse da parte di chi legge.

-Poniti già nella condizione di essere tu il selezionatore del giusto partner nel paese e non viceversa. Il tuo contatto con quell'azienda deve apparire come successivo ad una tua analisi dei dati reperibili sul web, che ti hanno fatto considerare il partner come un possibile candidato per la distribuzione dei tuoi prodotti in quel paese.

- La lettera si chiude con l'annuncio della tua prossima azione, come spiegato in precedenza, a cui ovviamente dovrai tenere fede. Non c'è peggior modo di iniziare una relazione commerciale che quello di fare una promessa e non mantenerla !

Trascorsi al massimo cinque giorni dall'invio della prima lettera, deve seguire la tua seconda, che può essere, sempre nel caso dell'esempio precedente, su questi toni:

Subject: RE: Possibility of cooperation

Dear Sirs,

As announced in my message below, please find attached a brief presentation of our company, where the main characteristics of our products are explained. If you think there could be the possibility to discuss a partnership, for the distribution of our products in Greece, I would be glad to schedule with you a brief introductory conference call on the phone. Please indicate the day and time which are more suitable for you.

Alcune osservazioni:

- E' importante che il file in allegato sia curato nella grafica e nel contenuto, di dimensioni non eccessive (3-4 MB al massimo), con varie foto dei prodotti in questione e poco testo. Se la tua azienda non ha questo tipo di presentazione, ne puoi creare una molto semplice, in formato pdf, semplicemente usando le foto del catalogo aziendale con del breve testo in inglese aggiunto.
- In questo caso, la "chiamata all'azione" è più diretta, dato che si invita il prospect ad una breve conference call introduttiva, dove avrete la possibilità di conoscervi e di capire insieme se ci sono i presupposti per una collaborazione.

Come arrivare alla prima vendita

Una volta stabilito il contatto, via email o telefonico, con il tuo potenziale cliente e capito insieme che ci sono le basi per una discussione commerciale che può portare all'inizio di una collaborazione, è importantissimo rimanere focalizzato sull'obiettivo finale, che è quello di generare una prima vendita. Ogni tua azione o comunicazione, in questa fase, deve essere orientata esclusivamente a questa finalità. Il miliardario americano Donald Trump, è solito dire una frase secondo me molto significativa, relativamente al mondo delle vendite: "finché i soldi non cambiano di mano, non sta succedendo niente".

Anche in questo caso lo scenario è lo stesso, fino a che il tuo cliente non ti avrà pagato la merce, consolidando così la sua intenzione di procedere al primo ordine, in realtà non sta succedendo niente per quanto riguarda lo sviluppo all'estero della tua azienda. Spesso i Titolari di Azienda e gli Export Manager confondono il movimento con l'avanzamento. Che ci siano molte comunicazioni, scambi di materiale, discussioni, va benissimo solo se tutto ciò ci avvicina alla ricezione del primo ordine e all'emissione della prima fattura. E non è un fatto sempre scontato.

SEGRETO n. 11: Durante la trattativa con il nuovo cliente, non bisogna confondere il movimento con l'avanzamento. L'unico obiettivo è generare una prima vendita e finché i soldi non cambiano di mano, non sta succedendo niente.

Cerchiamo ora di capire quali sono le fasi che, da un primo contatto generato da una lettera di marketing come quella descritta nel paragrafo precedente, possono portare a un "passaggio di mano" del denaro tra le due parti, ovvero a una prima vendita. Nella grande maggioranza dei casi, riferendoci sempre per praticità a uno scenario di vendita all'estero di un prodotto fisico, fabbricato dalla nostra azienda, si possono schematizzare nei passaggi seguenti, (non necessariamente in quest'ordine, secondo il tipo di prodotto trattato):

1) Invio al cliente di catalogo prodotti e sua selezione di quelli che potrebbero essere di suo interesse per il mercato e i canali di distribuzione con cui opera.
2) Quotazione economica dei prodotti selezionati e definizione della resa logistica della transazione commerciale (es: franco

fabbrica, consegnato presso un porto italiano, consegnato presso l'indirizzo del cliente, ecc., definiti dai vari INCOTERM standard: EXW, FOB, CIF, CFR, ecc.).

3) Negoziazione e definizione delle condizioni commerciali della vendita (prezzo, termini di pagamento, eventuale assicurazione del credito, tempi di consegna, quantità minima ordinabile, ecc.).

4) Invio di un campione di prodotto (se possibile) al cliente per sua valutazione e approvazione.

5) Approvazione della scheda tecnica del prodotto da parte del cliente ed eventuale invio dei certificati di qualità necessari. In questa scheda, devono essere presenti anche le condizioni di imballo, packaging, trasporto e stoccaggio del prodotto.

6) Definizione di eventuale accordo di esclusiva sul territorio (sempre legato a volumi) o termini amichevoli di protezione del cliente rispetto ad altri concorrenti.

7) Emissione formale del primo ordine da parte del cliente

8) Emissione di fattura proforma da parte del produttore, per approvazione del cliente.

9) Pagamento anticipato o con lettera di credito, prima della spedizione della merce (a meno che non si sia concordato una

condizione creditizia diversa, ad esempio un open credit a 30 giorni emissione fattura).

10) Spedizione della merce e ottemperamento pratiche logistiche legate alla spedizione stessa (documenti di trasporto, certificato di origine se necessario per il paese in questione, ecc.)

Qualche osservazione su questi punti:

- Al punto uno, salvo casi particolari, è molto importante focalizzare l'interesse del cliente su un numero limitato di prodotti, almeno nella fase iniziale. Il cliente conosce il suo mercato e dovrebbe avere un'idea di quali sono i prodotti del tuo catalogo che potrebbero avere maggiore successo. Lo puoi ovviamente supportare in questa scelta, se non ha molta esperienza riguardo alla specifica tipologia dei tuoi prodotti. E' sempre consigliabile partire dai prodotti che il cliente ritiene possano avere maggiore successo nel suo mercato, piuttosto che da quelli che la tua azienda ha più convenienza o interesse a vendere.
- Al punto 2, è sempre consigliabile, nel caso di un nuovo cliente, mantenere un certo margine di negoziazione sul prezzo. Il nuovo cliente potrebbe chiederti del budget per operazioni di

marketing o promozionali, ad esempio, e se gli hai fatto subito il tuo miglior prezzo, sotto al quale non sei in grado di scendere, avrai certamente dei problemi nella negoziazione.

- Nel caso sia possibile inviare dei campioni (punto 4), è fondamentale avere preventivamente comunicato al cliente almeno il prezzo di vendita del prodotto e possibilmente altre condizioni come la resa e i termini di pagamento minimi da te accettabili per un eventuale primo ordine. La spedizione dei campioni, infatti, è solitamente a carico della tua azienda e, se già in partenza non ci sono le condizioni base per generare una vendita (es: il tuo prezzo è fuori mercato e il cliente lo ritiene decisamente troppo alto per il suo canale di vendita specifico, oppure il cliente non accetta un pagamento anticipato e la tua azienda non è disposta ad assumersi nessun rischio commerciale con questo particolare cliente), è fortemente consigliabile non sprecare denaro per l'invio di un campione che quasi sicuramente non genererà alcuna vendita.
- Il punto chiave di tutto il processo ovviamente è il numero cinque, l'emissione del primo ordine di prova. Come detto, ogni tua comunicazione con il cliente, deve essere finalizzata a questo obiettivo e se, come spesso accade, si entra in un "loop"

di scambio di email e telefonate con il cliente, che va avanti per mesi, dove però non si avanza mai con un primo ordine, è molto importante capire quali sono i fattori bloccanti e se ci sono possibilità o meno di rimuoverli in tempi ragionevolmente brevi. In caso negativo, è consigliabile dedicare tempo ed energie ad altri prospect più interessanti.

- Il punto n.6, riguardante l'esclusività del rapporto, è estremamente delicato: quando si sviluppa il mercato in un nuovo paese, come regola generale e nell'ottica di una vera e propria partnership con il cliente, è del tutto sconsigliato mettere in competizione due aziende con lo stesso prodotto (il tuo) sullo stesso territorio, dato che si potrebbe creare del malcontento tra gli attori in gioco e il tuo business ne soffrirebbe. Allo stesso modo, dovresti essere molto cauto a concedere dei diritti di esclusività di distribuzione del tuo prodotto su quel territorio, prima di aver effettivamente verificato, con i fatti, l'efficienza e le reali potenzialità del partner. Rischieresti di limitare l'azione della tua azienda e non sfruttare il vero potenziale di quel territorio, perché frenato da un partner poco performante.

Se il cliente insiste su questo punto, si può concedere un'esclusività solo a fronte di definizione scritta di obiettivi annuali di vendita (definiti insieme e mutualmente ritenuti soddisfacenti, sulla base della tua esperienza su altri mercati e della sua conoscenza del territorio), in mancanza dei quali l'esclusività decade; oppure, molto meglio, stipulare quello che gli inglesi definiscono un "gentlmen's agreement" , ovvero un accordo solo verbale, dove entrambi vi impegnate a lavorare insieme nell'interesse comune. Ciò vuol dire che, da parte tua, se hai altri contatti di business riferiti agli stessi prodotti che stai vendendo al tuo nuovo cliente, in quello stesso territorio, fornirai a questi nuovi clienti le referenze del tuo primo distributore come referente commerciale della tua azienda su quel territorio. Questo fino a quando il cliente dimostra, con i fatti e non con le parole, di meritarlo !

La differenza tra fare una vendita e creare un cliente

Seguendo il processo descritto sopra in modo diligente e dopo aver risolto i sempre numerosi problemi che si interpongono all'inizio di una relazione commerciale con un nuovo cliente, se hai lavorato bene e se il tuo prodotto ha una qualità e un prezzo centrati per il mercato estero che stai affrontando, avrai ottime possibilità di generare una prima vendita. Escludendo i casi di vendite di grandi macchinari industriali (o prodotti di simile natura), in cui la prima vendita è l'obiettivo principale del rapporto, perché economicamente molto consistente e perché il prodotto non è soggetto ad essere riacquistato frequentemente, avendo generato la prima vendita, ancora non siamo ancora sicuri di aver generato un cliente, e ciò dipende in gran parte dal nostro lavoro di follow-up della vendita stessa.

Un cliente, per definizione, è qualcuno che acquista un tuo prodotto o servizio, lo paga nei termini stabiliti, si trova bene, riscontra dei benefici concreti per il suo business (se è un intermediario commerciale) o per la sua vita (se è un utilizzatore finale) e decide di tornare ad acquistarlo periodicamente con le stesse modalità, generando così dei volumi di acquisto annui per te interessanti. Inoltre, è sempre molto più semplice vendere un nuovo prodotto ad un cliente esistente (*cross-selling*) o vendergli un prodotto di qualità migliore (*up-selling*), dato che la parte più impegnativa e costosa del processo, l'acquisizione di un nuovo cliente appunto, è stata già fatta e si è stabilito un rapporto di fiducia tra le parti.

SEGRETO n. 12: Un cliente è qualcuno che acquista il tuo prodotto, si trova bene e decide di acquistarlo nel tempo. Quando fai una vendita, non hai ancora acquisito un cliente.

In casi come quelli presi in esame, il primo ordine del tuo prodotto è spesso una prova che il cliente estero mette in atto, per osservare la reazione del mercato in cui lo intende inserire e testare tutte le varie fasi della catena logistica, per verificarne l'effettiva profittabilità. In questa fase, è necessario un tuo contatto continuo con il cliente, via email o telefono o, se l'entità del business potenziale per la tua azienda lo giustifica, anche con incontri di persona, nel suo paese (specie per quelli Europei di facile raggiungimento) oppure invitandolo in Italia, nella tua azienda, per discutere di persona un piano di sviluppo della vostra partnership.

Il cliente, infatti, specialmente in questa fase, va trattato come un vero e proprio partner di affari, cercando di definire con lui un obiettivo di sviluppo comune, in cui entrambi avrete un ruolo, ma anche un rischio economico e logistico, da tutelare e da capitalizzare con l'ottenimento di risultati economici predefiniti. Quanto riesci a "fare squadra" con il nuovo cliente, identificando quelli che sono i punti critici per lui nello sviluppo della collaborazione, e cercando di fornire soluzioni e supporto, quanto più si massimizzeranno le possibilità di stabilire una collaborazione a lungo termine e mutualmente profittevole.

E' molto importante definire, fin dal principio, le aree di competenza delle due parti, per evitare sovrapposizioni e per ottimizzare al meglio la performance del team. In particolare, tu e la tua azienda, avrete come aree di eccellenza:

- Il prodotto e tutto ciò che è legato agli aspetti tecnici del suo processo produttivo.
- L'identificazione e il modo migliore di presentare i "selling points", ovvero le caratteristiche uniche che differenziano il tuo prodotto dalla concorrenza.
- La spiegazione del prezzo (se ce ne fosse bisogno) relativa alla qualità e alle particolari caratteristiche del prodotto.
- Il modellamento di sistemi di marketing o di distribuzione di successo di altri paesi (tra cui l'Italia, se applicabile) dove il tuo

prodotto sta avendo successo, che possono essere replicati, anche in parte nel paese estero che stai affrontando.

Il tuo cliente (nel caso più tipico di un importatore / distributore del tuo prodotto nel paese), è invece esperto nei seguenti campi:

- Conoscenza del mercato, del territorio, degli usi e costumi dei clienti finali e delle particolari logiche socio-economiche della realtà in cui si inserirà il tuo prodotto.
- Conoscenza degli aspetti burocratici e logistici relativi all'importazione del tuo prodotto sul territorio.
- Potenzialità di sviluppo del business, sulla base di sua precedente esperienza con prodotti simili al tuo.

SEGRETO n. 13: Bisogna stabilire una partnership reale con il nuovo cliente, in cui le rispettive aree di autorità e competenza sono ben chiare e predefinite.

E' importante che le due parti si riconoscano a vicenda fin dall'inizio, tramite una fiducia reciproca, l'autorità su questi punti. Nel capitolo successivo, andremo a vedere come, una volta acquisito un cliente, possiamo lavorare con lui per lo sviluppo del mercato estero in cui opera.

RIEPILOGO DEL CAPITOLO 2:

- SEGRETO n. 6: Prima di iniziare il processo di internazionalizzazione della tua azienda è necessario tracciare un quadro accurato che definisca il posizionamento del tuo prodotto rispetto alla concorrenza e le tue potenzialità di sviluppo reali sui mercati esteri.
- SEGRETO n. 7: Il vero lavoro di chiunque è coinvolto in un'attività commerciale, è creare e mantenere un cliente.
- SEGRETO n. 8: Le uniche tre attività che ti avvicinano a sviluppare all'estero la tua azienda sono: identificare i potenziali clienti, entrare in contatto con loro e chiudere una vendita.
- SEGRETO n. 9: E' fondamentale tracciare un profilo, quanto più accurato possibile, del tuo cliente estero ideale, prima di iniziare la sua ricerca.
- SEGRETO n. 10: L'obiettivo di una lettera di marketing è di illustrare sinteticamente i motivi per cui il tuo interlocutore dovrebbe valutare la possibilità di fare business con te e di definire una prossima azione, non enunciare tutte le caratteristiche positive della tua azienda e del tuo prodotto.

- SEGRETO n. 11: Durante la trattativa con il nuovo cliente, non bisogna confondere il movimento con l'avanzamento. L'unico obiettivo è generare una prima vendita e finché i soldi non cambiano di mano, non sta succedendo niente.
- SEGRETO n. 12: Un cliente è qualcuno che acquista il tuo prodotto, si trova bene e decide di acquistarlo nel tempo. Quando fai una vendita, non hai ancora acquisito un cliente.
- SEGRETO n. 13: Bisogna stabilire una partnerhip reale con il nuovo cliente, in cui le rispettive aree di autorità e competenza sono ben chiare e predefinite.

CAPITOLO 3:
Come consolidare e aumentare il tuo fatturato estero

Le uniche tre attività di sviluppo

Come visto nel caso precedente dell'acquisizione di un nuovo cliente estero, anche lo sviluppo del tuo fatturato estero, una volta iniziata una fornitura di prodotto continuativa e regolarmente pagata, può essere ridotto a tre semplici azioni. Questa schematizzazione, spesso citata, tra gli altri, dal grande esperto di marketing americano Jay Abraham, racchiude in modo semplice ed efficace l'obiettivo che ogni nostra azione, orientata allo sviluppo del fatturato di un nuovo cliente estero dovrebbe avere. I tre unici modi per aumentare il fatturato estero, dopo l'acquisizione di un nuovo cliente sono:

1) Vendere al cliente nuovi prodotti rispetto a quello iniziale.
2) Aumentare la quantità dell'ordine medio del prodotto o dei prodotti originariamente venduti.

3) Aumentare la frequenza degli ordini del prodotto o dei prodotti originariamente venduti.

SEGRETO n. 13: Le uniche tre attività che ti consentono di sviluppare il fatturato estero dopo aver acquisito un nuovo cliente sono: vendergli nuovi prodotti, aumentare la taglia dei suoi ordini e aumentare la frequenza dei suoi ordini.

Il primo punto, può essere conseguito proponendo al cliente dei prodotti diversi rispetto a quello con cui è iniziata la collaborazione commerciale, magari da inserire come campionatura (se possibile) con l'ordine standard del suo prodotto originario. Questa costante azione di sviluppo verso nuovi prodotti è alla base del consolidamento del business con il nuovo cliente.

Il secondo e il terzo punto, sono ovviamente due facce della stessa medaglia: aumentare il fatturato con il prodotto che abbiamo già iniziato a vendere. Nel primo caso, se il cliente compra ad esempio il tuo prodotto in container da 20", potresti valutare con lui la possibilità che inizi ad acquistare in container da 40", aumentando così l'unità di vendita. Ne trarrebbe senz'altro dei vantaggi logistici relativi alla minore incidenza del costo di trasporto relativo all'unità di prodotto, potendo così aumentare i suoi margini di profitto o proporre il prodotto sul suo mercato ad un prezzo inferiore. Nel secondo caso, se il tuo cliente acquista ad esempio un container di prodotto al mese, potresti capire con lui come arrivare a generare dai suoi clienti, tramite opportune azioni di marketing e promozione, una domanda maggiore, tale per cui le tue vendite aumentino a due container di prodotto al mese. Si tratta ovviamente di processi che richiedono tempo e spesso sono molto laboriosi. Avere però chiaro il tuo obiettivo a medio termine da subito, può contribuire a facilitarne il raggiungimento tramite una serie di azioni focalizzate nel tempo.

Approcci differenti per modelli di business differenti

A differenza della prima fase, quella dell'acquisizione di un cliente descritta nel capitolo precedente, che ha delle regole e un modello assimilabile a diversi scenari di business, il discorso sul consolidamento e lo sviluppo del fatturato estero di un'azienda italiana, va affrontato in modi diversi a seconda del modello commerciale, quindi del prodotto, di cui stiamo parlando. A questo scopo, ho pensato di prendere in considerazione tre differenti "case studies", certamente non esaustivi rispetto a tutte le tipologie di business esistenti, ma che ho vissuto in prima persona negli anni passati e che sono relativi a tre prodotti che per loro natura e tipologia, richiedono attività e strategie diverse in ciascun caso. Eccone una breve introduzione:

- Case Study n.1: macchine e materiale da imballo per packaging di alimenti.

L'azienda con la quale collaboravo, produceva macchine per il trattamento termico e il confezionamento di liquidi. Si trattava quindi di portare a termine una prima vendita, molto consistente in termini economici, del macchinario di trattamento e imballaggio, seguita poi da una serie vendite periodiche di materiale da imballo per alimentare la macchina stessa, che l'azienda produceva in una sua propria fabbrica e che costituivano la vera profittabilità economica dell'impresa.

- Case Study n.2: materiale per coperture edilizie.

L'azienda produceva delle coperture per l'edilizia in un materiale plastico brevettato, che venivano vendute (direttamente o tramite agente) ad un importatore / grossista del paese, che si occupava poi di andarle a mettere sul mercato presso i clienti finali. Per la natura del prodotto, i clienti finali dovevano essere sempre nuovi, poiché un tetto coperto con questo materiale, aveva una garanzia di tenuta di cinquanta anni !

- Case study n.3 : cioccolata per il settore Retail

In questo caso, l'azienda produttrice, vendeva direttamente alle centrali di acquisto delle catene di supermercati, che esponevano il prodotto nei propri punti vendita sul territorio, destinato ai consumatori finali.

Andiamo ora ad analizzare nel dettaglio i tre casi, per capire come si potrebbe affrontare lo sviluppo sul mercato estero in ciascuno di questi tre scenari.

1) Macchine e materiale da imballo per packaging di alimenti

In questo caso, il bene da commercializzare all'estero non era un prodotto di consumo ed era destinato a un produttore industriale di latte o di altra bevanda (succhi di frutta, vino, ecc.) di medie dimensioni nel paese estero considerato, che lo avrebbe utilizzato per fabbricare poi il suo prodotto finito destinato al pubblico.

Tramite il processo in precedenza descritto: acquisizione di un database delle aziende con il profilo di interesse, lettera di marketing scritta secondo i principi illustrati precedentemente, lettera di follow-up e contatto telefonico con le aziende interessate a discutere di una collaborazione, si poteva arrivare a formulare un'offerta economica ad un numero di aziende potenzialmente interessate.

Trattandosi di una vendita di entità consistente (alcune centinaia di migliaia di Euro per ogni macchina) e non potendo inviare un campione di prodotto per valutazione (a parte campioni di imballi finiti di altre aziende), questa fase era in quel caso certamente la più critica e la più lunga dell'intero processo. Solo pochissime, delle molte aziende contattate, si rivelavano seriamente interessate, principalmente perché l'acquisto di un nuovo macchinario industriale di solito passa attraverso varie fasi di approvazione all'interno dell'azienda e può essere portato a termine solo in particolari periodi dell'anno (ottenimento del budget annuale, vincoli legati alla stagionalità del prodotto, ecc.). Di fatto, quando si riusciva a intraprendere una seria negoziazione con un prospect, vista questa grossa selezione iniziale, c'erano ottime possibilità di portare a termine la trattativa, seppur in tempi abbastanza lunghi. I fattori chiave del processo erano i seguenti:

- Identificare in maniera chiara, univoca ed evidente i vantaggi per il cliente derivanti dall'acquisto del nostro macchinario rispetto a quello simile di un concorrente molto più grande e conosciuto di noi sul mercato.
- Illustrare al prospect casi concreti di clienti soddisfatti nel suo stesso settore e in altre nazioni, per generare la fiducia necessaria a procedere con la collaborazione.
- Sottolineare come la qualità del servizio post-vendita (e in questo caso la fornitura del materiale di imballaggio, successiva alla vendita stessa) fossero i punti forti della nostra proposta e che, nel tempo, il ridotto costo del materiale rispetto al concorrente, avrebbero permesso di ammortizzare il forte investimento iniziale.

Vista l'entità della cifra in gioco, anche la parte finanziaria dell'operazione (metodo e modalità di pagamento), assumeva un ruolo fondamentale nel progetto. Inoltre, trattandosi di una vendita molto tecnica, la negoziazione sul primo prezzo quotato era ridotta al minimo e spesso il cliente accettava direttamente il prezzo proposto nell'offerta iniziale senza chiedere sconti. Era infatti consapevole che il processo di approvazione interno alla sua azienda sarebbe stato determinante ai fini dell'investimento, indipendentemente se questo fosse costato qualche migliaia di euro in più o in meno, sul prezzo totale.

SEGRETO n. 14: In una vendita molto tecnica e di importo consistente, il processo di approvazione del prodotto interno all'azienda è poco sensibile a variazioni al ribasso del prezzo, essendo questo solo uno dei molti fattori che determinano l'avanzamento della trattativa e spesso non il più importante.

Altro elemento sensibile in questo tipo di vendita all'estero erano le tempistiche. Dalla firma del contratto, intercorreva un periodo di circa tre mesi prima che la macchina (che l'azienda con cui collaboravo non produceva direttamente ma commissionava a terzi) potesse essere fisicamente assemblata, poi un altro mese circa perché fosse spedita, tramite container al destinatario ed infine richiedeva l'intervento di una squadra di tecnici specializzati da parte della nostra azienda, per le operazioni di start-up, che potevano protrarsi per vari mesi prima di raggiungere un funzionamento a regime della macchina.

Nella migliore delle ipotesi, intercorreva quindi un periodo di circa sei mesi dalla chiusura della trattativa all'inizio operativo dell'utilizzo della macchina, con il materiale da imballo fornito contestualmente. Ovviamente, durante questi sei mesi non mancava il lavoro per l'Export Manager: intanto per il coordinamento del processo di creazione, su indicazioni e grafica del cliente, del materiale da imballo con cui alimentare la macchina (prodotto come detto direttamente dalla nostra azienda), poi per la gestione logistica e il coordinamento dell'intero progetto e la gestione dei sempre presenti inconvenienti che si interpongono al normale andamento delle operazioni. La sfida principale era che, durante il periodo in questione, era necessario continuare a svolgere lo stesso lavoro (identificare i prospect – entrare in contatto con loro – eseguire il follow up), contemporaneamente su altri fronti, per iniziare lo stesso processo in altre aree geografiche.

Una volta messa in funzione la macchina però, in questo caso particolare, il business diventava quasi automatico. Forniture di materiale da imballo mensili automatiche (che generavano la maggior parte dei profitti continuativi per l'azienda), contatti sistematici con il cliente per verificare che tutto stesse procedendo bene, coordinamento di interventi tecnici se la macchina non funzionava ed eventuale gestione di reclami qualità se ci fossero stati problemi sulla fornitura del materiale da imballo. In uno scenario normale, un cliente di questo tipo, poteva valutare l'acquisto di un'altra macchina solo dopo qualche anno dall'acquisto della prima, a causa dell'incremento del suo business.

In questo scenario, la nostra influenza sulle strategie di marketing e commerciali del cliente verso il consumatore finale erano molto limitate, semplicemente perché si trattava di due mercati e due tipologie di business completamente diverse: nel nostro caso, fornivamo un'apparecchiatura industriale e del materiale da imballo, eravamo quindi esperti in questo settore, nel suo caso, il cliente vendeva ad esempio, succhi di frutta nei supermercati del paese, dovendo affrontare problematiche, logiche di vendita e scenari di natura completamente differente.

2) Coperture per l'edilizia

In questo caso si trattava ancora una volta di un prodotto non di consumo, proprio come nel caso precedente ma destinato a un importatore / grossista che lo avrebbe poi messo sul mercato direttamente verso il consumatore finale, o al limite tramite dei rivenditori all'ingrosso di dimensioni più piccole delle sue. Tra l'azienda e l'importatore, a volte si interponeva la figura dell'agente di commercio che, pagato a commissione, aveva il ruolo di coadiuvare l'azienda nello sviluppo del mercato.

Le prime fasi del progetto, del tutto simili a quelle precedenti (lista delle aziende con le caratteristiche ricercate nel paese, contatto tramite lettera di marketing e telefonico, inizio di una negoziazione commerciale) in questo caso e contrariamente al precedente portavano solitamente all'identificazione di un elevato numero di possibili partner di cui però, nel tempo, molti dovevano essere scartati perché semplicemente non avevano le caratteristiche ideali (in precedenza definite) per diventare un buon cliente, in particolare i fattori limitanti erano:

- Forza vendita del distributore insufficiente o mal strutturata sul territorio.
- Richieste di esclusività da parte del distributore fuori luogo (in base a quanto descritto nel capitolo precedente) e comunque non giustificate dall'effettivo potenziale di vendita.
- Richieste di termini di pagamento non compatibili con il livello di rischio che l'azienda italiana desiderava assumersi.

In questo caso, essendo possibile inviare dei campioni di prodotto (in piccole confezioni contenenti pezzi di materiale opportunamente confezionati per essere esaminati dal cliente, e rappresentativi dell'intero sistema di copertura proposto) uno dei fattori critici erano proprio le spedizioni di questi campioni il cui costo, con corriere espresso, era di qualche centinaio di Euro ogni volta. Spesso, dopo i primi contatti con il potenziale cliente, si capiva che mancavano i requisiti base per continuare la discussione commerciale e che quindi l'investimento era andato perso. La sensibilità dell'Export Manager, dopo le prime esperienze negative, nel riconoscere un prospect promettente, giocava un ruolo importante anche da un punto di vista di "cost-saving" dell'azienda. L'invio di ogni campionatura doveva essere accuratamente studiato, valutato a priori e tracciato nei suoi sviluppi, esattamente come ogni altra azione di marketing, dato che rappresentava una voce di costo legata all'acquisizione del nuovo cliente.

SEGRETO n. 15: Quando è possibile inviare dei campioni di prodotto, questa azione va considerata e tracciata come una qualunque altra azione di marketing, dato che rappresenta una voce di costo legata all'acquisizione di un nuovo cliente.

A differenza del caso precedente, qui la negoziazione sul prezzo era serrata: anche pochi centesimi di differenza su una quotazione fatta erano oggetto di lunghe discussioni con il cliente. In questo caso l'abilità dell'Export Manager risiedeva sul rifocalizzare il discorso sul valore del prodotto piuttosto che sul suo costo e, se l'interlocutore evidentemente non capiva questo valore, ciò costituiva da solo un fattore fortemente limitante per l'inizio di una collaborazione. In fatti, c'erano a quel punto ottime possibilità che in seguito il cliente non sarebbe stato in grado di ritrasmettere ai suoi stessi clienti lo stesso concetto, con conseguenti risultati di vendita non soddisfacenti.

Una volta generata la prima vendita, in questo caso, si rendeva solitamente necessaria una visita in loco presso il cliente, per definire insieme una strategia di marketing, dove l'azienda italiana (contrariamente al caso precedente) aveva molta voce in capitolo. Come presentare il prodotto, su quali caratteristiche puntare maggiormente per generare interesse e curiosità nei clienti finali, come evidenziare le unicità del prodotto rispetto ad altri concorrenti, erano tutti punti fondamentali da definire con il cliente, per massimizzare le possibilità di successo.

La partecipazione a fiere di settore (cui sarà dedicato più specificatamente il capitolo successivo di questo ebook) giocava qui un ruolo molto importante, dato che all'interno di questi eventi, dove l'azienda italiana si presentava in partnership con il nuovo distributore, c'era la possibilità di espandere sensibilmente il mercato.

3) Cioccolato per il settore Retail

Nell'ultimo caso che andiamo ad analizzare, parliamo di un prodotto di consumo: delle scatole di cioccolatini, già presenti all'interno di diverse catene di supermercati italiane, la cui azienda produttrice aveva intenzione, avvalendosi del mio supporto, di introdurre in catene di supermercati estere, in particolare nei paesi dell'Europa dell'Est. Si trattava di una vendita completamente diversa dalle precedenti, sia per la tipologia di prodotto (la cui unità di vendita al cliente finale costava pochi Euro) che per il tipo di canali commerciali da sollecitare per raggiungere l'obiettivo.

Nel caso di catene di distribuzione al dettaglio (Retail), specie se si parla di GDO (Grande Distribuzione Organizzata), il punto chiave è entrare in contatto con i "compratori" (Buyer) di queste aziende, responsabili dell'introduzione di prodotti simili al nostro nel portafogli della loro azienda, che di solito non sono facilmente accessibili e hanno una certa resistenza ai contatti "a freddo" come quelli descritti nei casi precedenti. In questo caso, l'approccio migliore si rivelava quello tramite un agente di commercio sul territorio, che aveva già rapporti di affari con queste aziende, rifornendole di altri prodotti alimentari di diversa tipologia e che, nell'ambito dei suoi periodici contatti con questi acquirenti, poteva presentare il nostro prodotto avendo almeno la possibilità di essere ascoltato.

Nel caso in questione, ci siamo rivolti proprio a un agente, che aveva una conoscenza personale con un buyer di una grande catena di distribuzione della Slovenia, che ci ha presentati al cliente, gestendo tutte le fasi preliminari dell'offerta. In mancanza di una conoscenza diretta, la ricerca di questi agenti sul territorio può essere fatta esattamente allo stesso modo di quelle descritte sopra, adattando ovviamente la lettera di marketing allo specifico scopo della richiesta. E' importante definire in modo preciso e tramite contratto scritto i termini di collaborazione con l'agente, definendo l'entità della sua commissione sulle vendite (che andrà fatturata interamente al cliente finale, aggiungendola al prezzo di vendita, e poi ripagata all'agente, dietro emissione di regolare fattura da parte sua), e tutti gli altri termini commerciali dell'accordo, compresa l'esclusività sul cliente in questione per un periodo definito, che in questo caso rappresenta l'unica forma di protezione per il lavoro dell'agente stesso.

La fornitura presso il cliente, inoltre, a differenza degli altri due casi dove ciò non è obbligatorio (e solo raramente accade) è regolata da un contratto annuale, dove sono definiti i volumi, la frequenza media e la taglia degli ordini, le condizioni di consegna e di pagamento prefissate e ogni altro dettaglio legato alla fornitura stessa. In altre parole, in questo caso, una volta svolto il lavoro iniziale e firmato il contratto, il che può avvenire anche in tempi relativamente brevi rispetto al primo contatto (uno o due mesi, ad esempio nei migliori casi) la maggior parte del lavoro è fatta per l'Export Manager e il suo ruolo è solo quello di gestire la normale amministrazione del rapporto commerciale con il cliente (quella che l'agente, che è pagato per questo, non riesce a gestire da solo) come ad esempio la gestione dei reclami di qualità, richieste particolari da parte del cliente, ecc.

Altro vantaggio importante di questo tipo di situazione è che, una volta stabilito un rapporto di collaborazione con il cliente, abbiamo le porte aperte per introdurre nuovi prodotti. Nel caso in questione si trattava di altre varietà di cioccolato, più costose e per un mercato di nicchia che da sole, per i volumi potenzialmente generati non altissimi, non avrebbero giustificato l'inizio di una collaborazione ma che, unite al volume generato dal prodotto di "primo prezzo", potevano essere prese in considerazione. Questo potenziale sviluppo del business doveva essere preso in conto dall'azienda fin dall'inizio, potendo influire in maniera determinante anche sulla strategia di prezzo, più "aggressiva" che in altri casi, vista appunto l'importanza fondamentale di essere inseriti tra i fornitori del cliente almeno con un prodotto.

SEGRETO n. 16: Nel caso di una vendita ad una catena di distribuzione al dettaglio (Retail) l'introduzione di un primo prodotto può aprire le porte a successivi e interessanti sviluppi del business. Ciò va tenuto in conto fin dall'inizio della trattativa e deve essere considerato anche nella definizione della strategia commerciale da applicare con il cliente.

In una situazione come quella descritta, i punti sui quali è necessario porre maggiore attenzione sono i seguenti:

- Assicurarsi che le caratteristiche tecniche (in questo caso: ricetta del prodotto, composizione chimico-fisica, analisi di laboratorio, ecc.) e quelle logistiche (dimensioni e tipologia degli imballi, pallettizzazione, termini di consegna, condizioni di trasporto, ecc.) siano univocamente definite nel contratto di fornitura e soddisfino entrambi le parti.

- Assicurarsi che le condizioni di pagamento non rappresentino un rischio finanziario troppo consistente per l'azienda. Una catena di supermercati, raramente pagherà anticipato o con Lettera di Credito, ma chiederà un "Open Credit" a 30 giorni (nella migliore delle ipotesi). Se la tua azienda ha un credito assicurato e il cliente ha un buon rating, non ci sono problemi, ma nella realtà, spesso l'azienda deve assumersi lo scoperto in prima persona rischiando, in caso di mancato pagamento, la perdita dei costi del materiale e della spedizione. Bisogna assicurarsi che, anche mettendosi in questa situazione, ciò non rappresenti un colpo troppo duro per le casse dell'azienda.
- Definire in anticipo con l'agente tutte le azioni di supporto alla vendita attese da parte sua. Alcuni agenti ritengono che, una volta firmato il contratto, abbiano diritto alla loro commissione senza fare più nulla, e non è questo uno scenario auspicabile per la tua azienda.
- Recarsi fisicamente sul posto qualche tempo dopo l'inizio della fornitura e verificare personalmente come i prodotti sono disposti

sugli scaffali, qual è la rotazione, come i clienti del supermercato approcciano l'acquisto, ecc.

Come detto precedentemente, i tre casi esaminati non hanno certo la pretesa di coprire la totalità degli scenari che si possono presentare nella realtà, né tantomeno coprire in modo esaustivo e definitivo tutte le problematiche e le casistiche che, all'interno di casi simili a questi, si possono presentare nel mondo reale; possono però fornire qualche spunto di riflessione o qualche invito ad una specifica azione di controllo, riguardante situazioni di certo molto comuni in un contesto di internazionalizzazione di impresa.

Quando aprire una filiale all'estero

Chiudo questo capitolo con un cenno ad un passo successivo nel processo d'internazionalizzazione che, per gli scopi di questo ebook (approcciare dalle basi il progetto di espansione sui mercati esteri) volutamente non approfondisco, lasciandolo semmai per successive pubblicazioni su questo argomento specifico: l'apertura di una filiale o di un ufficio all'estero.

Questo passo va affrontato preferenzialmente quando il volume di affari nel paese in questione garantisce già di ripagare almeno i costi vivi dell'operatività della struttura in loco. L'investimento iniziale sarà ovviamente coperto dall'azienda ma, aprire un ufficio estero nella speranza che questo, da solo, possa contribuire a rendere profittevole l'operatività nel paese che fino a quel momento non sei stato in grado di portare in attiva, è una scelta quantomeno azzardata che personalmente, in più di un'occasione, ho visto divenire origine del fallimento completo del progetto.

La prima ovvia cosa da fare è informarti sulle norme legali e fiscali che regolano l'apertura di uffici di rappresentanza o filiali estere. Ho trattato questo tema estensivamente, nel caso della Cina, nel mio ebook "Business con la Cina. Come Fare Affari con il Made in China e l'Import Export"(Bruno Editore 2010). Per ogni paese considerato, va fatta un'analisi accurata della migliore soluzione da adottare. Va poi affrontata la questione del personale da inserire, locale o espatriato e va fatto un classico Business Plan per la nuova società o filiale estera della casa madre, trattando il progetto in tutto e per tutto come lo startup di una nuova azienda. Molto spesso mi è capitato di vedere imprenditori che, presi dall'onda dell'entusiasmo e guidati dal desiderio di poter dire in giro che la loro azienda aveva un filiale, ad esempio, in Svezia, hanno compiuto quest'analisi finanziaria in maniera sommaria, per poi dover fare i conti con dei bilanci in perdita o dei veri e propri disastri economici in un secondo tempo.

Riassumendo: salvo casi molto particolari, il mio consiglio è che l'insediamento di un ufficio della tua azienda in un territorio estero, sotto qualunque forma giuridica, è un passo che necessariamente deve essere fatto quando il processo di acquisizione e creazione dei nuovi clienti nel paese è stato reso perfettamente funzionante e ripetibile e ha generato dei dati di fatturato concreti. In queste condizioni, un supporto fisico sul posto può facilitare in molti modi diversi il processo di internazionalizzazione e può far espandere il tuo business all'estero a livelli che sarebbero assolutamente impossibili gestendo tutto dalla sede italiana.

SEGRETO n. 17: L'apertura di un ufficio estero o la costituzione di una società estera è un passo che andrebbe fatto, salvo casi particolari, solo quando il business nel paese in questione è sufficientemente consistente da ripagare almeno

le spese vive legate all'operatività della nuova filiale.

RIEPILOGO DEL CAPITOLO 3:

- SEGRETO n. 13: Le uniche tre attività che ti consentono di sviluppare il fatturato estero dopo aver acquisito un nuovo cliente sono: vendergli nuovi prodotti, aumentare la taglia dei suoi ordini e aumentare la frequenza dei suoi ordini.
- SEGRETO n. 14: In una vendita molto tecnica e di importo consistente, il processo di approvazione del prodotto interno all'azienda è poco sensibile a variazioni al ribasso del prezzo, essendo questo solo uno dei molti fattori che determinano l'avanzamento della trattativa e spesso non il più importante.
- SEGRETO n. 15: Quando è possibile inviare dei campioni di prodotto, questa azione va considerata e tracciata come una qualunque altra azione di marketing, dato che rappresenta una voce di costo legata all'acquisizione di un nuovo cliente.
- SEGRETO n. 16: Nel caso di una vendita ad una catena di distribuzione al dettaglio (Retail) l'introduzione di un primo prodotto può aprire le porte a successivi e interessanti sviluppi del business. Ciò va tenuto in conto fin dall'inizio della trattativa e deve essere considerato anche nella definizione della strategia commerciale da applicare con il cliente.

- SEGRETO n. 17: L'apertura di un ufficio estero o la costituzione di una società estera è un passo che andrebbe fatto, salvo casi particolari, solo quando il business nel paese in questione è sufficientemente consistente da ripagare almeno le spese vive legate all'operatività della nuova filiale.

CAPITOLO 4:
Come ottimizzare la partecipazione a una fiera internazionale di settore

Una grande occasione spesso sprecata

Ho pensato di dedicare un intero capitolo alla partecipazione alle fiere di settore perché ritengo questo uno strumento molto potente per l'internazionalizzazione di un'azienda ma allo stesso tempo uno dei peggio usati dagli imprenditori italiani. In 15 anni di partecipazione a fiere in tutto il mondo, dal Brasile alla Cina, passando per l'Europa e il Medio Oriente, fino agli Stati Uniti, ho conosciuto una quantità elevata di imprenditori italiani che avevano affrontato il viaggio e le spesso onerose spese legate alla partecipazione ad una fiera di settore come espositori, per tornare poi a casa senza alcun risultato ma solo una buona dose di frustrazione.

La fiera è un'arma a doppio taglio molto pericolosa ma, se si seguono delle semplici regole, il successo è in pratica assicurato e si può entrare in contatto durante questi eventi con una grande quantità di potenziali clienti con il profilo ricercato, economizzando in maniera sostanziale gli spostamenti logistici e il tempo.

Il concetto di una fiera internazionale è molto semplice: si radunano in un unico luogo tutti i produttori, i clienti e gli operatori di varia natura di uno stesso settore. In questo modo essi hanno possibilità di conoscersi, di parlarsi e di stabilire relazioni di business senza doversi andare a cercare in giro per il mondo. Sulla carta è una situazione ideale, ma proprio per l'abbondanza di domanda e offerta presenti in questi ambienti, la mancanza di preparazione e di un preciso piano strategico da adottare prima, durante e dopo la fiera, può portare verso una totale mancanza di risultati.

Se qualcuno racconta (io non ho avuto modo di verificarlo personalmente) che fino agli anni '70, specie in particolari settori e in particolari mercati, la sola presenza come espositore a una fiera internazionale, assicurava la generazione di numerosi nuovi clienti con cui si entrava in contatto durante l'evento, oggi le cose sono cambiate. Partecipare a una fiera è solo un tassello del processo d'internazionalizzazione e, come tale, deve essere collocato all'interno di una strategia molto più ampia e predefinita. Vediamo come.

A quali fiere e in che veste partecipare

Il primo passo importante da fare è procurarti una lista di tutte le fiere esistenti al mondo nel tuo settore. Si trovano comodamente su internet o la puoi richiedere alla Camera di Commercio della tua Regione. Sempre su internet, non sarà poi difficile reperire tutte le informazioni necessarie su ogni fiera (luoghi, date modalità di iscrizione, costi, lista degli espositori, ecc.). E' poi buona norma porti alcune domande di questo tipo: i tuoi concorrenti italiani che sono orientati all'internazionalizzazione, a quali fiere nel mondo ogni anno partecipano ? e i tuoi concorrenti mondiali ? se hai possibilità di parlare con qualcuno che ha partecipato a qualche fiera estera nel tuo settore, è importante prendere più informazioni possibili: ripeterebbero l'esperienza di partecipare quella fiera ? che risultati concreti hanno ottenuto da quella partecipazione ? cosa cambierebbero se potessero tornare indietro riguardo alla loro partecipazione a quell'evento ? Il mio consiglio è di focalizzarti su al massimo due grandi eventi fieristici all'anno e lavorare seriamente per massimizzare la tua partecipazione, come espositore, a questi eventi.

SEGRETO n. 18: E' consigliabile focalizzare la tua attenzione su al massimo un paio di grandi eventi fieristici internazionali ogni anno, cui partecipare con la tua azienda come espositore, riservandoti di partecipare ad altri eventi solo in veste di visitatore.

Ciò non toglie che, durante l'anno, tu non possa prendere in considerazione l'ipotesi di visitare, senza esporre con un tuo stand aziendale, altri eventi fieristici di minore rilevanza strategica per i tuoi piani immediati. La partecipazione a una fiera come semplice visitatore, non espositore, presenta dei pro e dei contro, che elenco qui sotto:

- PRO

1) Riduci drasticamente l'investimento economico, che si limita alle spese di viaggio e di soggiorno dell'Export Manager (e dell'imprenditore o Direttore Commerciale, ove strettamente

necessario).

2) Hai la possibilità di valutare l'effettiva efficacia della fiera, in termini di frequentazione, organizzazione, attrattiva per gli operatori del settore, prima di prendere un impegno più deciso con la eventuale partecipazione nell'edizione successiva.

3) Hai completa libertà di visitare gli stand dei competitor (magari in incognito) acquisire informazioni dettagliate sul mercato e sulle nuove tendenze e hai in generale una grande libertà di movimento all'interno della fiera, contrariamente a quando sei espositore e sei costretto a trascorrere la maggior parte del tempo all'interno del tuo stand per accogliere i visitatori e svolgere gli incontri di business.

4) Puoi utilizzare un'area di ritrovo della fiera (ad esempio un bar con dei tavolini) per incontrare potenziali clienti pur senza disporre di uno stand proprio.

CONTRO

1) Se la tua azienda espone alla fiera, avrai modo di mostrare i tuoi prodotti e la tua "potenza di fuoco" sui mercati esteri in tutta la sua interezza, tramite uno stand ben arredato o sofisticato, che trasmette la personalità e lo stile dell'azienda stessa. Un cliente

avrà l'impressione di un'azienda seria, determinata a entrare seriamente in quel mercato e pronta a pagarne il prezzo fin da subito. Arrivando alla fiera come visitatore, darai l'impressione di non aver ancora veramente preso questa decisione o, peggio ancora, che non ti puoi permettere di esporre per motivi economici, il che non è certo il miglior auspicio per iniziare un business con un nuovo cliente.

2) Se il tuo prodotto può essere toccato, ispezionato o addirittura assaggiato dal cliente (come nel caso del settore alimentare), non esponendo, perdi quest' opportunità fondamentale.

3) Vista la dimensione dei saloni fieristici più importanti al mondo, non avendo uno stand e un punto di riferimento, se non sei più che organizzato con il tuo tempo e i tuoi spostamenti, rischi di passare la giornata a camminare da un padiglione all'altro, inseguendo fantomatici contatti che hanno lo stesso tuo problema e non riescono ad arrivare in orario agli appuntamenti.

Meglio da soli o in collettiva?

Una volta individuato l'evento fieristico a cui vuoi partecipare, restano da completare le operazioni burocratiche di iscrizione;

direttamente con l'ente fieristico o tramite intermediario, che può essere la Camera di Commercio della tua Regione (se organizza una missione di aziende per quell'evento), o altra società privata.

Spesso, nelle varie Regioni, esiste la possibilità di beneficiare di alcune sovvenzioni o incentivi economici dedicate alle aziende del territorio che partecipano a fiere estere; essere al corrente di queste opportunità fa parte del normale lavoro di un buon Export Manager. Tuttavia, la partecipazione con soluzione collettiva a volte limita un po' l'azienda, che si trova costretta in uno spazio limitato, attiguo magari a quello di un suo concorrente diretto o, peggio ancora, con aziende che attirano potenziali clienti di tipologia completamente diversa dalla tua, non permettendo alcuna sinergia.

Idealmente, all'interno della fiera, dovresti cercare di collocare lo stand della tua azienda nel padiglione riservato ad aziende simili alla tua, che attirano quindi lo stesso tipo di cliente che a cui è rivolta la tua offerta. Spesso però, gli imprenditori italiani, hanno la sindrome del volere "la botte piena e la moglie ubriaca", come recita il famoso adagio. Un esempio personale mi successe durante un grande evento fieristico nel settore alimentare dove, nella fase di preparazione, l'imprenditore e titolare dell'azienda con cui collaboravo si era raccomandato più volte di limitare il più possibile l'investimento economico dedicato all'evento. A questo scopo, avevo preso contatto con la Camera di Commercio della regione di appartenenza dell'azienda e avevo effettuato l'iscrizione all'interno del padiglione condiviso, che comprendeva varie altre aziende dello stesso settore, ma con tipologie di prodotti diversi (i nostri erano prodotti surgelati, mentre quelli degli altri, tutti conservati a temperatura ambiente). Il padiglione condiviso, era stato posto all'interno di un'area, dove erano presenti moltissimi produttori di the e caffè, prodotti che poco avevano a che vedere con i nostri e nemmeno con quelli delle altre aziende del nostro gruppo.

Al secondo giorno di fiera, il titolare della mia azienda, raggiunse sul posto me a un altro collaboratore già presenti in fiera e, nel passare attraverso un padiglione intermedio sulla strada che congiungeva l'entrata della struttura con il nostro stand, si accorse che in quel padiglione erano concentrate molte aziende produttrici di surgelati. Quando si accorse che il nostro stand non era localizzato in quel settore ma in mezzo a produttori di the, mi dovetti prendere un bel rimprovero riguardo al mio "errore di posizionamento" del nostro stand. Non replicai, dicendo che se avessimo voluto esporre in quel padiglione e acquistare lo spazio in modo autonomo avremmo speso cinque volte tanto ma, come è sempre meglio fare in questi casi, semplicemente annotai mentalmente questa problematica e mi ripromisi di tenerla maggiormente in conto la prossima volta !

In linea di massima, l'investimento economico per uno stand privato, che può essere molto più consistente di quello in collettiva, dovrebbe essere uno dei fattori decisivi per la scelta della modalità di partecipazione. Le potenzialità del mercato, i contatti precedenti (e la presenza di eventuali clienti esistenti) e l'importanza strategica del paese, dovrebbero inoltre contribuire ad una decisione finale in merito.

SEGRETO n. 19: La decisione sulla modalità di partecipazione ad una fiera, in modo indipendente o in collettiva con altre aziende va presa sulla base di fattori critici quali la potenzialità di quel mercato, la presenza di clienti

esistenti o contatti interessanti e l'importanza strategica di quel paese nel tuo piano di internazionalizzazione.

Resta da analizzare il caso in cui tu abbia già stabilito una partnership con un importatore locale, con cui decidi di partecipare, con uno stand condiviso o all'interno del suo stand insieme con altre aziende sue clienti, presentandoti già come un'unica entità sul territorio. In questo caso, la presenza in fiera è volta esclusivamente al contatto con nuovi clienti finali del tuo importatore / distributore ed è importante valutare in anticipo se, a quel tipo di evento, questa categoria di interlocutori sarà presente tra i visitatori.

Che cosa fare prima della fiera

Se è vero che la preparazione è l'80% del successo, mi sento di affermare che, nel caso di una partecipazione a una fiera, questa percentuale sfiora il 100%. Arrivare a una fiera impreparati, senza aver fatto "i compiti a casa" precedentemente è una via certa verso il fallimento, lo spreco di denaro e la frustrazione personale.

In termini semplici, il più grande lavoro riguardante una fiera, va fatto prima di recarsi sul posto, fissando il maggior numero di appuntamenti possibili con potenziali clienti.

SEGRETO n. 20: Il lavoro più importante relativo a una fiera deve essere svolto prima dell'evento, cercando di fissare durante il suo svolgimento il maggior numero di appuntamenti possibili con potenziali clienti.

Il metodo consigliato è sempre lo stesso: una lettera di marketing che, questa volta, invita il contatto a un incontro conoscitivo durante l'evento. Si può usare la stessa lista di contatti di cui abbiamo parlato nel primo capitolo e la stessa prima lettera di marketing già descritta, mentre quella di follow-up può essere modificata nel modo seguente:

Dear Sirs,

As announced in my message below, please find attached a brief presentation of our company, where the main characteristics of our products are explained. If you think there could be the possibility to discuss a partnership, for the distribution of our products in Germany , we would be glad to get in touch with you and further discuss the item. We will exhibit at ANUGA fair next month and if you are visiting the exhibition, this could be a great chance to meet. Please indicate the best time for a meeting, during the exhibition period, according your schedule. We will be located in HALL XX, Booth n. XX.

Regards,
Marco Germani

Dato che anche i clienti, che visitano la fiera hanno come obiettivo quello di ottimizzare il loro tempo, incontrando quanti più possibili potenziali partner di business, la richiesta di un appuntamento prefissato, fatta in modo professionale (e ad un secondo contatto, che sfrutta il già citato principio di familiarità del tuo brand) molto spesso viene accolta. A questo punto è importante costruirti un'agenda per ogni singolo giorno di fiera, riempiendola quanto più possibile con appuntamenti presso il tuo stand (o in altro luogo della struttura, se sei in veste di visitatore).

Il valore del lavoro di un Export Manager per la preparazione di una fiera, si vede esclusivamente dal numero (e dalla qualità) di appuntamenti che riesce a fissare, prima dell'inizio della fiera stessa. In una giornata di otto ore in fiera, se non hai almeno 5-6 appuntamenti fissati, stai mettendo a serio rischio le tue possibilità di successo per l'evento e probabilmente non hai fatto un sufficiente lavoro di preparazione.

Sarebbe bello pensare che il solo fatto di esserci, possa generare l'attenzione dei tuoi clienti, i quali, passando, rimangano talmente colpiti dai tuoi prodotti esposti che ti chiedano immediatamente di iniziare una collaborazione. Nella realtà dei fatti, ciò succede con estrema rarità e affidare a questo evento casuale il ritorno dell'investimento (spesso consistente, di decine di migliaia di Euro) per una partecipazione fieristica sarebbe una mossa quantomeno azzardata.

Altre operazioni da fare prima della fiera sono l'analisi (se disponibile) della lista degli espositori, per individuare anche possibili concorrenti e pianificare una visita esplorativa al loro stand, assicurarti che tutto il materiale necessario agli incontri sia disponibile (brochure, biglietti da visita, eventuali campioni di prodotto, ecc.) e soprattutto preparare un'accurata "regia" per gli incontri, durante i quali niente deve essere lasciato al caso.

A tale scopo, è consigliabile preparare un breve report, da distribuire a tutte le persone che saranno con te nello stand (e che devono essere informate degli orari degli appuntamenti, in caso di indisponibilità temporanea dell'Export Manager) in cui sono evidenziate, oltre al nome dell'interlocutore e dell'azienda da incontrare, anche il sito web (da studiare prima dell'incontro, a casa o direttamente in fiera se si dispone di accesso a internet), un breve profilo aziendale, un riassunto dei precedenti contatti con quell'azienda (se ci sono stati) e le aspettative che hai dall'incontro. Nulla deve essere lasciato al caso !

SEGRETO n. 20: Ogni incontro programmato in fiera va preparato dettagliatamente, preparando un report comprendente tutte le informazioni sensibili sulle aziende da incontrare, che va distribuito a tutti i presenti sul tuo stand per loro informazione.

La fiera è ovviamente anche un prezioso punto d'incontro con i clienti esistenti, di quella regione o di altre regioni, anche domestici, che visitano l'evento e ti da possibilità di discutere con loro dell'andamento del vostro business, senza dover fare un viaggio specifico a quello scopo. Anche con questi clienti, è necessario prendere un appuntamento preciso e metterlo in agenda, piuttosto che affidarti a situazioni generiche del tipo: "passa quando vuoi al mio stand e facciamo due chiacchiere", che quasi sempre, a causa di altre priorità da parte di entrambi, portano ad un nulla di fatto. Un modello di lettera che puoi mandare ai tuoi clienti esistenti e comunque alle aziende con cui sei già in contatto è la seguente:

Dear Phil,

I am glad to inform you that we will exhibit at the BATIMAT MAROC fair in Casablanca, from April 3rd to 6th. If you are planning to visit the exhibition, we can setup a meeting to discuss about possibilities of cooperation. Please let me know the date and hour which best suits your schedule, so I will block my agenda accordingly.

Our location is the following: HALL XX – booth XX

Best regards,

Marco Germani

Se il cliente è importante, può essere utile invitarlo a cena, allo scopo di trascorrere con lui una maggiore quantità di tempo, in un contesto informale, per costruire e rinforzare il rapporto personale, che è sempre alla base di ogni relazione di business.

Che cosa fare durante la fiera

La fiera è come un esame, se ti sei preparato bene, ci sono ottime possibilità che tutto andrà nel verso giusto. Lo svolgimento degli incontri programmati con i potenziali clienti deve avvenire in un modo standard e la cosa migliore è preparare una "scheda incontro" con delle domande predefinite da fare al cliente e da usare come linea guida durante il colloquio. In questo frangente, specialmente nei casi in cui è direttamente il titolare dell'azienda, presente insieme all'Export Manager all'evento, a parlare con il potenziale cliente, è molto comune che cada nella trappola di iniziare a enunciare in modo enfatico tutte le caratteristiche positive della sua azienda e dei suoi prodotti, allo scopo di mettersi in una luce positiva. Si tratta ovviamente di un approccio poco efficace, perché la persona che abbiamo di fronte, mentre parliamo, ha in testa una e una sola domanda: "come potrei trarre un vantaggio economico per la MIA azienda, da una collaborazione con queste persone ?".Il soggetto di questa frase, è ovviamente IO (riferito al cliente) quindi quanto più noi siamo bravi e attenti a formulare i nostri ragionamenti con il cliente e i suoi benefici al centro del discorso, quanto più attireremo la sua attenzione.

SEGRETO n. 21: Durante l'incontro in fiera con il cliente non bisogna cadere nella trappola di enunciare tutti i lati positivi della nostra azienda e dei suoi prodotti ma mettere sempre il cliente e le sue esigenze al centro del discorso, per massimizzare le possibilità di generare un suo interesse.

La check-list generica delle informazioni che dobbiamo ottenere dal cliente durante l'incontro può essere la seguente:

- Nome Azienda
- Nazione

- Nome persona
- Ruolo
- Fatturato azienda
- Clienti / Canali di vendita principali
- Trattano già il tuo prodotto ?
- Se si, chi sono i fornitori ? Volume d'affari ?
- A quali dei tuoi prodotti potrebbero essere interessati ?
- Come i tuoi prodotti potrebbero far aumentare il loro business ?
- Qual è il loro processo di approvazione di un nuovo prodotto ?
- Qual è il loro metodo di pagamento preferenziale ?
- Cosa si aspettano, in termini di supporto di marketing nel territorio, da un nuovo fornitore ?
- Quali sono i prossimi step ?

Le domande ovviamente possono variare per diverse tipologie di prodotti ma l'importante è focalizzare l'attenzione su aspetti concreti e reali, che una volta risolti possono portare facilmente al primo ordine. E' molto importante capire da subito se la persona che hai davanti è in grado di prendere una decisione oppure se a fare ciò sarà un suo superiore, come pure è fondamentale definire di comune accordo i prossimi step, che ti dovrai occupare di portare avanti nelle azioni di follow-up.

La durata del meeting non dovrebbe mai superare i 30 o al max 45 minuti, primo per darti la possibilità di incontrare le persone successive e poi perché si tratta di un primo contatto e non di una negoziazione finale che porterà alla chiusura della prima vendita in fiera, cosa che accade molto raramente e praticamente mai con contatti che si incontrano per la prima volta.

Devi inoltre aspettarti dal 10% al 30% di appuntamenti saltati, per cattiva gestione del tempo da parte degli interlocutori o semplicemente per qualche intoppo logistico indipendente dalla loro (o dalla tua) volontà. In questi casi è buona norma avere i numeri di telefono cellulare di tutte le persone che si devono incontrare e poterle così contattare se non sono in orario, per fissare eventualmente un altro meeting durante la fiera.

Se si tratta di un primo contatto, è buona norma non fornire subito una quotazione di prezzo dei prodotti (a meno che i nostri prodotti non abbiano un listino standard per quel paese, non soggetto a nessuna possibilità di trattativa). Una volta stabilito l'interesse e la selezione dei prodotti ai quali il cliente può essere interessato, è decisamente più professionale inviare la quotazione durante i contatti di follow-up, nei giorni successivi alla fiera. Questo darà l'impressione al cliente che la quotazione è stata ragionata e formulata espressamente per lui e tenendo in conto le sue particolari esigenze.

A questa regola, si può fare eccezione quando si ha di fronte il titolare o principale "decision-maker" dell'azienda potenziale cliente, che dimostra un concreto interesse a partire con una collaborazione su qualcuno dei tuoi prodotti. In questo caso, ritardare l'invio della quotazione potrebbe farti perdere del tempo prezioso e non sarebbe una mossa strategicamente corretta.

Un'altra occasione importante, da sfruttare quanto più possibile, sono le serate dopo la fiera. In questi momenti, dove la maggior parte dei partecipanti si rilassa dopo la giornata di lavoro, spesso eccedendo con alcool e cibo o con altre attività ricreative di vario genere, l'Export Manager e l'imprenditore seriamente motivati a internazionalizzare la loro azienda, sanno che anche questi sono momenti di lavoro che vanno sfruttati. Il modo migliore è certamente quello di invitare a cena il cliente potenzialmente più interessante tra quelli incontrati nella giornata, quello con cui siamo più vicini a terminare una prima vendita o che crediamo abbia il maggior potenziale per una partnership con noi. Se il cliente accetta il nostro invito, è un ottimo segno della sua volontà almeno a capire se ci sono i presupposti per iniziare a fare affari insieme. Durante la serata, da spendere in un ristorante di buon livello e non troppo rumoroso per non interferire con la conversazione, è consigliabile parlare per la maggior parte del tempo non di business, ma approfondire la reciproca conoscenza personale. Per il principio di simpatia (uno dei sei principi della persuasione) sarà poi molto più agevole trovare un accordo commerciale dopo che si è stabilito un buon rapporto personale, anche solo con una serata passata insieme a tavola.

SEGRETO n. 22: Le serate dopo il giorno di fiera vanno considerate come veri e propri momenti di lavoro e non di svago, in cui si ha la possibilità di invitare a cena i clienti più promettenti, sviluppando così un rapporto personale con loro, che faciliterà di certo il buon andamento del business.

Come già detto, questo vale a maggior ragione con i clienti esistenti, dove è comunque più accettabile spendere un tempo superiore a discutere del business, perché si presuppone che un certo rapporto personale sia già esistente.

Che cosa fare dopo la fiera

La terza fase che assicura l'ottimizzazione della partecipazione a un evento fieristico è il follow-up. Questa fase è anche la più delicata perché, al ritorno da una fiera, spesso si è sommersi dal lavoro arretrato che non si è potuto svolgere durante i giorni di assenza e in più ci si ritrova con una grande quantità di biglietti da visita e brochure di aziende incontrate durante l'evento, tra cui ci si può facilmente perdere.

Se hai seguito in modo diligente lo schema della "scheda-intervista", descritto nel paragrafo precedente, ti troverai con una serie di schede numerate, su ciascuna delle quali avrai spillato il biglietto da visita della persona con cui hai parlato e in cui saranno presenti tutte le informazioni sensibili sul potenziale partner di affari. Queste schede costituiscono un vero e proprio tesoro e, personalmente, quando torno da una fiera, le tratto alla stregua di un documento d'identità o del portafogli contenente denaro, proprio perché in quelle informazioni risiede tutto il valore della partecipazione alla fiera stessa. L'ultima voce della scheda indicava i prossimi step, che inevitabilmente comprendono o un'azione da parte tua, o un'azione da parte del cliente. In entrambi i casi, entro massimo quarantotto ore dalla fine dell'evento, è consigliabile inviare alla persona un'email standard in cui la ringrazi per l'incontro e gli ricordi quali sono i prossimi passaggi concordati. Un esempio reale tratto dal mio archivio personale, relativo a un cliente che avevo invitato a cena durante un giorno di fiera e con il quale avevamo concordato un primo ordine di prodotto, è il seguente:

Dear Fred,

I hope you had a safe trip back home. I would like to thank you for your kindness and availability during our meetings in Tokyo, especially our dinner at the sushi restaurant which I hope you appreciated as much as we did. We believe there is a great potential of cooperation between our companies and that we can do together a very good job of introduction our Italian products to Australia.

As discussed, I attach here the revised Proforma Invoice for the first container, including the 10% marketing discount we decided to grant you for the first order.

Please let us know if everything is ok and when we can move on with the next step to validate the order.

Regards,
Marco Germani

Le azioni di follow-up devono essere rigorose, se non ottieni risposta, non devi "mollare" il prospect per nessun motivo. Email di sollecito, telefonate, fino a che non ricevi da parte sua un blocco definitivo alla trattativa (e in questo caso, è tuo dovere capirne il motivo esatto, ed eventualmente grazie a ciò raffinare la descrizione del tuo cliente ideale). Allo stesso tempo, non devi fare l'errore di essere impaziente e "pressare" troppo il tuo interlocutore, dato che anche lui sarà oberato di lavoro al ritorno dalla fiera, esattamente come può succedere a te. In media, se entro una decina di giorni dal tuo messaggio di follow-up, non c'è risposta, è il caso di procedere con un secondo messaggio e dopo altri dieci giorni, con una telefonata di verifica, chiedendogli almeno se ha ricevuto le tue comunicazioni.

SEGRETO n. 23: La fase di follow-up dopo una fiera ha una grande importanza e bisogna continuare a sollecitare l'interlocutore per fargli mantenere le promesse fatte durante l'incontro, con contatti ripetuti anche in assenza di una sua iniziale risposta.

Tutto ciò richiede una ferrea disciplina e organizzazione del lavoro da parte dell'Export Manager, caratteristiche citate nel primo capitolo tra quelle essenziali per svolgere bene questo ruolo che, in casi come questi, sono messe certamente alla prova.

E' importante anche monitorare, a distanza di almeno quattro mesi dalla fine dell'evento, tramite ad esempio una tabella Excel, qual è lo stato delle trattative con tutte le aziende incontrate in fiera. La tabella dovrà contenere le seguenti voci:

- Nome azienda e responsabile.
- Inviata quotazione di prezzo (e su che prodotti) SI o NO.
- Inviata campionatura (se applicabile) SI o NO (e qual è il costo della spedizione dei campioni).
- Eseguito primo ordine di prova SI o NO (se NO, perché ? dove si è arrestata la trattativa ? è chiusa definitivamente o ancora aperta).
- Se diventato cliente, qual è il potenziale di fatturato annuo per i primi dodici mesi di rapporto commerciale ?
- Note e annotazioni particolari relative al cliente che possono essere utili in successivi contatti.

Il concetto deve essere quello che, se l'Export Manager dovesse essere sostituito in azienda, il suo successore dovrebbe avere, grazie a questo documento, un quadro completo ed esaustivo dei contatti precedenti relativi alla fiera, potendo così sfruttare appieno il lavoro del suo predecessore, nel bene e nell'interesse dell'azienda stessa. Nella mia carriera, ho visto pochissimi miei colleghi fare un follow-up così accurato della partecipazione a un evento fieristico (e sfortunatamente nessuno dei miei predecessori nelle aziende con cui ho collaborato !). Sono praticamente certo che, chiedendo alla maggior parte delle aziende espositrici ad una grande fiera, a quattro mesi di distanza dall'evento, di tracciare un quadro dettagliato come quello descritto sopra, si otterrebbero solo risposte vaghe e approssimative. Iniziando ad adottare un modello simile a quello introdotto, ti differenzierai quindi dalla maggior parte dei tuoi concorrenti, massimizzando le possibilità di avere risultati diversi (e migliori) di loro e soprattutto di capitalizzare il tuo investimento relativo alla fiera.

Supponiamo ad esempio che la partecipazione all'evento, comprese tutte le spese, sia costata alla tua azienda 10.000 Euro. Supponiamo inoltre che tu sia tornato a casa con venti contatti di potenziali clienti, di cui dieci si sono dimostrati seriamente interessati al tuo prodotto, tanto che ti hanno richiesto una campionatura, che ti è costata 100 Euro di spedizione per ognuno. L'investimento per la fiera è stato quindi di 11.000 Euro.

Ora, se nessuno di questi dieci prospect diventa un cliente, la tua azienda semplicemente ha speso 11.000 Euro per capire che, in quel mercato, con quel prodotto, non ci sono possibilità di sviluppo (o se ci sono, non sono state correttamente inquadrate !).

L'anno successivo, sarà sicuramente una decisione saggia non partecipare alla stessa fiera, per non sprecare denaro (salvo che non si disponga di un prodotto diverso, più adatto a quello stesso contesto o sia stata fatta qualche modifica sostanziale alla strategia di approccio a quel mercato).

Al contrario, ipotizziamo che due di questi potenziali clienti, eseguano un primo ordine del valore di 10.000 Euro l'uno, dove l'azienda ha un margine di profitto del 20%, cioè guadagna (sempre schematizzando in maniera estrema per spiegare il concetto) 2.000 Euro a carico. Se questi due clienti iniziano un business continuato che comporta la spedizione di un carico al mese, ovvero 12 carichi in un anno, dall'azione di partecipazione alla fiera, sarà stato generato un profitto per l'azienda di circa 50.000 Euro, ovvero circa il 400% annuo sulla base dell'investimento iniziale. Senza considerare che, come abbiamo già visto, il costo di acquisizione del cliente è sempre l'investimento migliore per un'azienda, visti i possibili sviluppi del business con altri prodotti sullo stesso cliente. Alla luce di questi calcoli, se l'anno successivo è ripetuto l'evento fieristico, sarà certamente una scelta vincente, per la tua azienda, prendervi parte di nuovo per ripetere il processo con nuovi clienti internazionali.

RIEPILOGO DEL CAPITOLO 1:

- SEGRETO n. 19: La decisione sulla modalità di partecipazione ad una fiera, in modo indipendente o in collettiva con altre aziende va presa sulla base di fattori critici quali la potenzialità di quel mercato, la presenza di clienti esistenti o contatti interessanti e l'importanza strategica di quel paese nel tuo piano di internazionalizzazione.
- SEGRETO n. 20: Il lavoro più importante relativo a una fiera deve essere svolto prima dell'evento, cercando di fissare durante il suo svolgimento il maggior numero di appuntamenti possibili con potenziali clienti.
- SEGRETO n. 21: Durante l'incontro in fiera con il cliente non bisogna cadere nella trappola di enunciare tutti i lati positivi della nostra azienda e dei suoi prodotti ma mettere sempre il cliente e le sue esigenze al centro del discorso, per massimizzare le possibilità di generare un suo interesse.
- SEGRETO n. 22: Le serate dopo il giorno di fiera vanno considerate come veri e propri momenti di lavoro e non di svago, in cui si ha la possibilità di invitare a cena i clienti più promettenti, sviluppando così un rapporto personale con loro, che faciliterà di certo il buon andamento del business.

- SEGRETO n. 23: La fase di follow-up dopo una fiera ha una grande importanza e bisogna continuare a sollecitare l'interlocutore per fargli mantenere le promesse fatte durante l'incontro, con contatti ripetuti anche in assenza di una sua iniziale risposta.

Conclusione

Siamo giunti alla fine di questo breve manuale che illustrato alcune strategie, pratiche e provate, per sviluppare la tua azienda sui mercati esteri. Il processo d'internazionalizzazione di un'azienda è sempre un processo lungo, tortuoso e faticoso ma che può riservare delle soddisfazioni e delle gratificazioni, sia a livello personale sia professionale, che poche altre attività di business possono generare. La migliore fonte di esperienza, come sempre, non è la teoria ma l'azione. L'azione priva di analisi e di basi teoriche, però, quasi sempre porta al fallimento. Nel giusto mix tra questi due elementi, teoria e pratica, risiede la chiave del successo.

In questo preciso istante, in molti paesi del mondo, potrebbero esserci centinaia, migliaia di aziende e di privati che potrebbero beneficiare enormemente del tuo prodotto o servizio e che sarebbero pronti ad acquistarlo rapidamente, se gli fosse presentato nel modo giusto. L'obiettivo dell'internazionalizzazione è trovare una strada verso questi clienti (quello che gli americani chiamano "route marketing") per dare loro nuove opzioni e dare alla tua azienda una statura internazionale, contribuendo a portare il Made in Italy in giro per il mondo. Ti auguro quindi buon viaggio e, se vorrai condividere con me le tue considerazioni, le tue distinzioni e i tuo progressi in questo processo, o semplicemente confrontarti con me su qualche specifico aspetto legato all'internazionalizzazione della tua azienda, sarò felice di farlo. Mi puoi contattare all'email: mgermani@email.it

www.ingramcontent.com/pod-product-compliance
Ingram Content Group UK Ltd.
Pitfield, Milton Keynes, MK11 3LW, UK
UKHW022019190726
13853UKWH00005B/2004